创业改变命运

MINGYUN

孙玉忠　主编

成都地图出版社

图书在版编目（CIP）数据

创业改变命运 / 孙玉忠主编. — 成都：成都地图出版社有限公司，2023.9（2023.10重印）

ISBN 978-7-5557-2300-4

Ⅰ.①创… Ⅱ.①孙… Ⅲ.①创业 Ⅳ.①F241.4

中国国家版本馆CIP数据核字(2023)第166493号

创业改变命运
CHUANGYE GAIBIAN MINGYUN

主　　编：孙玉忠

责任编辑：陈　红

责任印制：缪振光

出版发行：成都地图出版社有限公司

地　　址：成都市龙泉驿区建设路2号

邮　　编：610100

电　　话：028-84884826（营销部）

印　　刷：三河市南阳印刷有限公司

开　　本：710mm×960mm　1/16

印　　张：13

字　　数：180千字

版　　次：2023年9月第1版

印　　次：2023年10月第2次印刷

书　　号：ISBN 978-7-5557-2300-4

定　　价：39.80元

版权所有·侵权必究

前言
Foreword

在经济迅速发展的大环境之下，越来越多的人走上了创业的道路。但是创业开公司也并不是一件容易的事情。如何利用有限的资金创造更大的价值，如何避免创业过程中可能会踩到的各种陷阱，这些都是创业者需要思考的问题。如果创业者缺乏有效的指导，就会步履维艰。

本书针对从公司的创立到发展的全过程都进行了细致的讲解。创业者们阅读完本书，就能够从中学到如何低成本地运营一家公司。

从决定创业的那一刻起，创业者们就面临着合伙人的选择、新公司的注册与成立、企业文化的打造、资金的管理等难题。可想而知，创业者在创业之初会有一段很艰难的过渡期。在这段过渡期内，让公司"活下去"是首要的任务。

如何平稳地度过这段难熬的过渡期，需要创业者思考并解决一些重要的问题，比如怎样做好财务管理，怎样用有限的资金支撑公司度过创业前期，公司的场地、人力、业务等方面怎样安排等。

到了公司发展的中期，还要注意避免"六个盲目"：决策盲目自信、市场战略盲目、投资盲目分散、产品盲目开发、技术盲目利用和经营盲目掉头。除此之外，还有许多创业过程中需要规避的风险，作者在本书中都作了介绍。

当然，创业者们也不要过分焦虑，只要掌握了相关技术、原则和方法，再通过实践，就能大大降低创业风险。

目录
CONTENTS

第一章

从 0 到 1，迈出创业第一步

创业有风险，出手需谨慎

一般来说，创业是指凭借自身的努力，对资源进行优化、整合和创新，从而取得财富的过程；而就业是指获得工作机会，通过付出劳动而获取报酬的过程。相对而言，创业所取得的财富远远超过就业，但是创业存在的风险同样高于就业。因此，面对如此艰辛并充满变数的创业，内心充满创业期望的你是否充分认清了自己的现状，并做足了应对风险和可能出现的问题的准备？

我们来看看创业存在哪些风险。

在远古时期，渔民们每次出海前都要祈祷，希望神灵保佑自己在出海时能够风平浪静、满载而归。他们意识到了一点：在出海捕鱼的生活中，"风"即意味着"险"，由此可见：

风险具有普遍性——它存在于每次出海的过程中；

风险具有客观性——它是人力所无法避免的；

风险具有损失性——每一次遇到"风险"，都有可能让渔民一无所获，甚至葬身大海；

风险具有不确定性——它不是在每次的出海中都会发生，并且发生时的结果不确定；

风险具有社会性——它存在于出海这项社会活动中，进而我们推论出：风险普遍存在于所有的社会活动当中。

同样的，创业过程中会不可避免地遇到风险，而且它很有可能让你付出的努力付诸流水，但仍然有无数的创业者为了成功彼端那无尽的山花烂漫而义无反顾。所以，在创业过程中，如何规避风险成了永恒的话题。

按照产生的原因，风险可以分为自然风险、社会风险和经济风险三大类。

1. 自然风险

自然风险是指自然现象或物理现象所造成的风险。虽然创办公司本身更强调一种社会行为，是人与人之间的交往，但在创办过程中，仍然不能忽视自然风险。

2. 社会风险

社会风险是指个人或团体在社会上的行为导致的风险。这类风险在创办公司的过程中是普遍存在的，但如果有细致周详的计划，就可以规避。

3. 经济风险

经济风险是指经济活动中受市场因素影响或者经营不善而导致经济损失的风险，是最易发生、最难规避的。创办公司是一项经济活动，过程中贯穿着各类经济风险，大到金融政策风云变幻，小到各项支出是否合理。这类风险可以说无处不在。作为管理者，也只能在能力范围内做到事前预测和事后补救。所以，创办公司前选择投入小的创业项目，制订详尽的创业计划，是降低经济风险的好方法。

除了要规避风险外，公司的成功与发展更离不开创业者的素养。对于一家公司而言，创业者是掌舵者，能否顺利到达彼岸，要看创业者个人的才华和能力。事实证明，那些充分了解自我的创业者不仅能看到自己的优点和长处，同时也能看清自己的缺点和短板，从而在经营公司的过程中懂得趋利避害，让公司更快、更稳、更好地发展。

好的创业计划书，迎来好未来

创办公司是一项既耗资又耗神的系统工程，为确保最后的成功，需要在创办之初制订一份详细的计划书，通过对创办项目内部和外部因素的研究、分析，全面展示公司当前状况、未来发展潜力以及具体实施步骤。这也是西方一些经济发达国家创业实训的通行做法。

对于创办公司的人来说，一份翔实的计划书尤为重要，因为酝酿中的项目往往很模糊，而在制订计划书的过程中则可以把利弊都形成书面材料，然后逐条推敲，这样一来就能对创办项目有更清晰的认识。可以说，创业计划书首先是把计划中要创办的公司项目推销给创业者自己。

一般情况下，制订创业计划书的主要目的之一是为了筹集资金。因此，计划书的内容通常必须要说明以下两点：

（1）创办公司的目的，即为什么要冒风险，花精力、时间、资源、资金去创办公司？

（2）创办一家公司需要投入多少资金？为什么需要这么多？为什么投资人值得为此注入资金？

对刚刚成立的公司来说，计划书既可以为公司未来的发展指明比较具体的方向和重点，又能让员工了解公司的经营目标，并激励他们为共同的目标而努力。更重要的是，它可以给投资者提供充分的信息，让他们对所投资的项目感兴趣，从而为公司的进一步发展提供更多的资金支持。那么，怎样才能制订出一份翔实、有效的计划书呢？

1.关注产品

计划书中应提供所有与企业产品或服务相关的细节，包括进行的所有调查，如：产品正处于什么样的发展阶段？它有什么独特性？分销产品的方法是什么？谁会使用公司的产品，为什么？产品的生产成本是多少，售价是多少？公司研发新的现代化产品的计划是怎样的？……让投资人了解公司的产品或服务，让他们和创业者一样对产品产生兴趣。需要注意的是，创业者在计划书中的用词应简单、通俗易懂，因为公司产品及其属性的定义对创业者来说是非常明确的，可投资人却不一定清楚，所以制订计划书主要是为了让投资人相信公司的产品会产生极为重要的社会影响，同时也让他们相信公司有生产它的论据。总而言之，计划书的拟定要让投资人有"这种产品确实不错""影响的确广泛"这样的感慨。

2.敢于竞争

创业者要细致分析竞争对手的情况，包括可能给自己公司带来的风险，以及自己应采取的应对措施，并把这些都列入计划书中。比如，竞争对手都有谁？他们的产品都是怎样的？与竞争对手的产品相比，本公司产品的优势和劣势有哪些？竞争对手采用的营销策略有哪些？……有心的创业者甚至会分析竞争对手的销售额、毛利润以及市场份额等，然后再结合自己的竞争优势，告诉投资人，顾客选择本公司产品的原因有：本公司产品质量好，送货及时，定位清晰，价格适当等；并告诉广大消费者：本公司不仅在行业中有实力去竞争，将来也会朝着行业领先者的标准迈进。

创业六大要素

要想创办一家公司，有些东西是物质所不能替代的，同时也是不可或缺的，那就是创业精神。因为在创办公司的过程中会遇到各种各样无法预料的困难和问题，只有具备了创业精神，才能勇敢面对困难和问题，冷静地解决困难和问题，从而一步步迈向成功。

梦　想

古龙先生说过，梦想绝不是梦，两者之间的差别通常都有一段非常值得人们深思的距离。由此不难看出，我们对某种事物的憧憬与渴望不应该是虚幻的、不切实际的，而且在我们付出行动去追求梦想的同时，梦想往往会产生积极的推动作用。

福特小的时候在农场帮父亲干活，面对着各种繁重的工作。有一天，他开始构思一种机器，让它能够代替人和牲畜来完成体力劳动。自此，他的梦想便是成为一名出色的机械师，并且他坚信自己可以做到。然而，他的父亲却要求他必须在农场帮忙。于是，他便利用空余时间自己默默努力，仅用了一年便完成了别人需要三年才能够完成的机械训练学习，之后又花了两年时间来研究蒸汽原理，朝着他的梦想不断前进。终于，他的创意被大发明家爱迪生所欣赏。爱迪生邀请他担任工程师，他来到了底特律。又经过十年的不断努力，福特终于成功地制造出了世界上第一部汽车引擎。

跟福特一样，比尔·盖茨在创业初始也着一个伟大的梦想：让计算机进入家庭，并放在每一张桌子上。不得不说，成功的创业者都是善于发现商机的人，而善于发现商机的人，不过是习惯创造梦想的人。因为梦想会指引他去寻找、捕捉机遇，并将机遇转化为恒久追求的事业。

小艾在大学二年级的时候时常在学校的英语角练习口语，接触到了一款英语语音软件，使用一段时间后，他发现这个软件具有强大的市场潜力。

于是，小艾和公司签订协议，如果他把广州其他代理商所积压的货全部卖完，公司就把整个广州高校的代理权交给他。小艾如约履行了协议，而这其中所获得的回报，成了小艾掘到的第一桶金。

大学毕业后，一次偶然的机会，小艾接触到了桌面游戏。第二年，在经过了反复的市场考察后，小艾与四个伙伴共同出资注册了一家企业管理咨询有限公司，经营以桌游为特色的俱乐部。经过不断的努力，这家规模较大的桌游俱乐部一直在不断发展壮大；又经过一年多的发展，先后成立了两家分公司。事实证明，小艾的选择是正确的。时至今日，他已经与多家公司建立了合作关系，负责组织公司员工的培训活动，同时还在暑期开办夏令营，也深受好评。

如今，小艾依然在为他的梦想而不断努力：以桌游为载体，把公司打造成一个集休闲娱乐、素质拓展、团队培训、亲子教育为一体的全国连锁俱乐部。

梦想是我们对自己的一个承诺，与某种执着有关。对于创业者来说，创办公司并取得成功是十分艰辛的。因此，在踏上这条路之前一定要对可能出现的问题有所认识，即便没有足够的估量，至少要有应对困难的心理准备。

信　心

既然选择了创业这条道路，就要时刻保持自信，告诉自己：我相信我可以，我相信存在于未来中的无限可能性。只有时刻保持自信，才能够给自己勇往直前的勇气和动力。

在商场上叱咤风云的阿里巴巴创始人马云曾有过三次创业经历。

第一次是创办海博翻译社。创业初始，举步维艰，一个月下来，翻译社的全部收入才700元，而当时每个月仅房租就要2400元。即便如此，马云没有选择放弃，整整三年，翻译社靠着他贩卖小商品的收入坚持了下来。1995年，翻译社终于开始实现盈利。而现在，海博翻译社已经成为杭州一家大规模的专业翻译机构。

第二次是创办中国黄页。马云变卖了翻译社的办公家具，跟亲戚朋友四处借钱，终于凑够了8万元。再加上另外两个朋友给他投资的2万元，马云用这10万元创办了国内最早的互联网公司之一——中国黄页。创办初期，由于开支大，业务少，最凄惨的时候，公司银行账户上只有200元现金。但是马云有信心，克服了种种困难，终于把营业额从0做到了几百万。

第三次是创办阿里巴巴。1999年，中国的互联网已经进入了白热化状态，马云和朋友用东拼西凑的50万开始了阿里巴巴的创业之旅。公司成立后，外出办事时，大家为节省开支，基本上都靠步行。面对各种不期而遇的困难时，马云和他的团队成员们始终坚信他们一定会成功。功夫不负有心人，2007年11月，阿里巴巴在香港联交所上市，市值200亿美元，成为当时国内市值最大的互联网公司。

海伦·凯勒说，信心是命运的主宰。马云坚定的信心使他成为了自己命运的主宰者。而他的经历又告诉我们，在创业的道路上我们将会遇到各种各样的困难。这时我们要以实际为基础，建立正确的认识，坚定信念，保持积极的情绪。

江汉大学的小凤利用课余时间在一家咖啡馆打工。渐渐地，他发现这个行业的利润十分可观。于是，大三这一年，他跟几个同学凑了2万元，在学校旁开了家小规模的咖啡馆。尽管学生的消费能力有限，咖啡馆的收益不大，但小凤始终坚信，只要用心经营，咖啡馆的生意一定会慢慢好起来的。

毕业时，小风对咖啡馆进行盘点，竟发现扣除成本之后，咖啡馆还有盈余。这下他当"老板"的信心就更足了。

毕业后，小风凭借3万多元的资本，注册了一家快餐店，请了几个员工，在一所大学里开门营业。该所大学附近大小餐馆林立，竞争特别激烈，为了尽快打开路子，小风每天起早摸黑，给那些节省时间去自习或考研的同学送餐。由于饭菜可口、送餐及时，再加上小风头脑灵活、善于交际，没过多久，他便拥有了固定的收入来源，生意蒸蒸日上，每个月基本都有5万元左右的纯利润。

小风的成功源于他对餐饮业十分有信心，而且在快餐店营业之初，面对众多的竞争对手，他无所畏惧，积极应对，想办法占有市场。在现实生活中，我们时常会听到身边的人说："看人家一个个开公司都成功了，我也特别想创业，但就是底气不足。"这种所谓的"底气不足"其实就是缺乏胆识和自信。无论是马云还是案例中的小风都证明了一点：创业的成功不一定要有雄厚的资本，只要有胆识、信心足，就能克服一切困难，开启成功的大门。

冒　险

无论创办什么样的公司都必然要遵守物竞天择的自然规律——每次产品的汰旧换新都是为了延续公司的生命力，这也是公司与时俱进的必经之路。然而，作为人类社会行为的产物，公司的进化以领导者的意志为转移。所以我们不难推出，领导者的意志才是企业进化的关键，或者说，领导者独到的眼光和勇于冒险的魄力，是公司冲破混沌，生存下去的钥匙。

小天在做婷美这个项目时，两年内500万元项目资金花掉了440万元，钱花了，事也做了，可还是没有达到预期的效果。合作伙伴对它纷纷失去信心，建议小天把这个项目卖掉。可小天认为婷美的市场一旦打开，发展前景会一片大好，就算要卖，也不能随便。最后，小天跟合作伙伴达成协议，以放弃当时自己在合伙公司的利益作为代价买下这个项目。

为了撑起这个项目，小天抵押了自己的房子，又找朋友凑了 300 万元，带着 23 名员工，继续婷美之梦。在正式开始单干时，小天先把 5 万元存在公司的账上，作为这次投资婷美失败后员工们最后的工资。小天此举令很多员工感动得哭了。剩下的钱，小天预计可以在北京打 2 个月的广告，从当年的 11 月到 12 月底。在大力宣传的这段时间，员工们都打起精神，无比卖力。终于，婷美没有辜负他们每一个人，他们成功地打开了市场。小天转眼间成了亿万富翁，跟他一起打拼的 23 名员工，身价也都直线上升，成为千万富翁、百万富翁。

小天对婷美潜在价值的肯定让他孤注一掷，成为婷美人取得成功的金钥匙，而他的这种冒险精神在成就了一个品牌的同时也造就了一位企业家。

美国的 3M 公司有这样一个口号："为了发现王子，你必须和无数个青蛙接吻。"在这里，"接吻青蛙"就意味着冒险和失败，但如果不这样做，就永远无法"发现王子"。有调查显示，大部分有创业想法的人因缺乏冒险精神导致创业计划夭折，甚至有人发出"现在创业要面对的事情太多，以后想都不敢想了"的感叹。所以，对有创业想法的人来说，如果你不想冒险或无法承受失败，那就什么也别干。

王传福 21 岁大学毕业进入北京有色金属研究院之后，短短五年时间就被破格提拔为副主任。同年，研究院在深圳成立了比格电池有限公司，他便被委以公司总经理的重任。

在有了一定的经营和技术经验后，眼光独到的王传福认为，技术不是什么问题，只要能形成规模，就能干出一番大事业。于是，在事业正是蒸蒸日上的时候，他作出了一个令所有人费解的决定——脱离原国有企业单干，创办了比亚迪公司。

当时的市场是日本充电电池一枝独秀，王传福只能利用人力资源成本低的优势去逐步打开低端市场。经过不断的努力，比亚迪在整体成本比日本同行低40%的基础上成功进驻高端市场，争取到大的行业用户和大额订单。

1996年，比亚迪接替三洋成为了无绳电话制造商大霸的电池供应商。随后，比亚迪欧洲分公司、美国分公司相继成立。2000年，为了尽快拥有自己的核心技术，王传福将大量资金运用到了锂电池的研发上，并很快成为了摩托罗拉的第一个中国锂电池供应商。

如今，比亚迪在镍镉电池领域全球排名第一，镍氢电池排名第二，锂电池排名第三。

正所谓"贫贱最安稳，富贵险中求"，没有谁的成功是一帆风顺的，必然要具备冒险的精神，经历艰苦的磨炼。王传福的成功更用铁一样的事实印证了这句话。

对于创业者来说，创业最大的危险就是不敢冒险。实际上，选择创业本身就是一种冒险行为。在这里我们鼓励冒险，但绝不是让创业者蛮干，在作出冒险决策之前，要明了胜算的大小。如果一点儿胜算的把握都没有，仅凭借胆大盲目下注，那么损失更大，离成功也会更远。

坚　持

"不积跬步，无以至千里；不积小流，无以成江海。"道理十分简单，说起来也很容易被人接受，但实际能够做到的人少之又少。所以，"坚持"

常被冠以成功的代名词。

有一个年轻人去一家跨国公司应聘，因为公司并没有刊登招聘广告，所以总经理对于年轻人的到来感到十分诧异。见年轻人操着一口不太娴熟的英语解释说自己路过这里，便贸然进来了，感到很新鲜，于是破例让他面试一次。不出意料，年轻人面试的表现十分糟糕。他对总经理解释说事先没有充分准备。总经理以为他不过是为自己找个台阶，就随口应道："等你准备好了再来吧！"

一周后，年轻人再次踏进了公司的大门。虽然这次他依然没有成功，但比起第一次，他的表现要好很多。总经理给他的答复也跟上次一样："等你准备好了再来吧！"

就这样，这个年轻人先后几次来公司面试，而最终的结果是他被公司录用，并且成为了公司重点培养的对象。

很多时候，我们遇到一次挫折就产生了畏惧心理，同时，为了不让自己再次失望，也不会再去尝试。殊不知，再试一次，也许我们会得到意想不到的结果，再坚持一下，也许我们就会到达胜利的彼岸。

自　律

一个合格的企业家的标准，并不是要求他在所有时候都能作出正确的决策，重要的是公司陷入困境时如何面对。不文过饰非，不怨天尤人，不回避，不逃脱，而是审时度势、务实进取、自强自律，努力寻求解决之道，以一个企业家的高度社会责任感去战胜困难，渡过危机。

刘小波在金山湖大朗肚高价拿地，使隆生成为惠州轰动一时的"地王"。然而在金山湖花园建设期间，"高地价"遇上了"高造价"，更为致命的是，刚进入全面施工，房地产行业适逢调整期，楼市一片低迷。

但刘小波在《写在金山湖开盘之际》的文章中提到，"隆生当初拿地，并非是很理性的抉择，但是既然决定作出了，我们就应该对自己的行为负责，义无反顾地把事情做好。"在施工期间，刘小波反复给同事们讲，不要计较赚多赚少，要从为惠州人民建买得起、住得起的好房子这一理念出发，把金山湖花园建成惠州南部新城住宅小区的标杆建筑。

不难想象，在政策、时间、环境等多重不利因素下建设金山湖花园，刘小波和他的团队需要克服多少艰辛和波折。最后，整个花园大社区一气呵成，高标准完工，在惠州房地产开发史上创造出了多个第一次。

刘小波的这种自律精神是隆生渡过难关的诀窍，同时，它也必将成为刘小波和他的隆生在前进路上披荆斩棘的利器。所以说，创业者自律自省，时时保持清晰的思路，不断反思问题所在，是十分重要的。只有这样，才能够在风云莫测的商海中平稳前行。

初出茅庐的大学生对未来充满了希望，有着年轻的血液、蓬勃的朝气，但社会经验不足，往往导致盲目乐观，没有充足的心理准备，所以在创办公司的过程中可能无法端正自己的心态，直面挫折和失败，也无法做到自律自省。

小李毕业后在一家公司里当文员。一个偶然的机会，小李看上了一个投资小、回报快的项目——风味灌汤包。于是，小李辞去文员的工作，把自己之前的存款都拿出来，还向亲朋好友借了一些，凑了4万多元，选好了一处店面，经过一番奔波与修整，小店终于营业了。

小店营业之初，生意红火，每天的客流量都非常大。渐渐地，大家似乎都意识到了风味灌汤包小本大利，于是灌汤包小吃店如雨后春笋般出现在大街小巷，光顾小李这里的顾客数量明显减少。在朋友的建议下，小李扩大营业范围，开始卖其他品种的风味小吃。尽管如此，小李的生意仍旧没有什么起色。

连续亏损三个月后，小李慌了手脚，为了不让自己损失严重，他赶紧停业。偿还了借款之后，小李赔了 1 万多元。从此以后，小李再也没有选择创业，而是找了一家单位，安心地给别人打工。

小李创业失败的经历从反面证明了自律精神的重要性。纵观小李创业的整个过程，初期还是很顺利的。他选择了一个适应当地市场的经营项目，生意也做得红红火火，但他没有很好地巩固并发展小店，逐渐被后起的同行抢占了市场，从而使小店陷入危机。实际上，小李的失败并不完全取决于竞争危机，而在于危机出现时小李没有自律自省，没有正确评估自己的优势和劣势，并盲目地听从了大家的建议，企图通过扩大营业范围来脱离困境，这么做的结果必然不可能成功。

无论是刘小波的成功还是小李的失败，其中所体现的自律精神的重要性，由此可见一斑。

学　习

一提到学习，很多人可能会说，不是怀揣梦想就可以成功了么？不是坚持不懈就可以成功了么？不是自信自律就可以成功了么？要知道，这些并不是成功所需要的全部，只不过是冰山一角罢了。创业本身是一个极其庞杂的大系统，它的运行由无数大大小小的具体事件组成。当我们具备了这样那样必需的精神和品质后，依旧需要低下头来一件件地解决创业过程中所出现的这样那样的实际问题。在解决问题的过程中，当发现自己所具备的某种专业技能并不足以支持我们完成整个创业计划时，就需要我们丰富相关方面的知识，充实自己。

学习不仅仅指某方面专业知识和技能的充实和丰富，也是推动创新的根本。任何一种创新，作为质变，都是以充分学习和积累的量变为基础的。学习—创新—再学习—再创新，这是一个永无止境的过程，是每一位成功者都必须经历的。与此同时，它也是促进企业发展的根本动力。就如范恩军所说，只有不断学习，才能保持公司长期的发展势头。

从小受经营建材生意的父母影响，小刘一直以拥有一家自己的小店为理想。为了了解餐饮业的一些经营"门道"，他利用寒暑假先后到多家饭店打零工。期间，他越学越感觉知识欠缺，"很不够用"。因此，考大学时，他毅然选择了正规院校的饭店管理专业进行深造。

大学毕业后，小刘选择一些生意比较火的饭店实践了很久，不过他只做传菜员。这样一来，他不但能接触到后厨，还能了解餐厅里的状况，有利于研究和把握整个经营系统。

经过了一年的学习，小刘感觉时机已成熟，经过一番准备，同年八月，他的馅食粥馆终于开业了。没想到开业第一天就出现了一些状况——包好的饺子没有分类，煮出来之后放在一处，服务员分不出哪盘是什么馅，结果送错了，顾客纷纷要求退钱。小刘赶紧到前厅安抚顾客，没想到就在这时候，后厅的电线起火了……

下午送走最后一波顾客之后，小刘到附近的文印店印了专门的分类标签，又请来专业电工对店里的线路进行全面检修，并规范制度，所有责任分配到人。

就这样，小刘一边经营一边学习，月底统计财务，虽然只有1000多元的盈余，但小刘还是感到非常高兴，因为他觉得是有希望的。经过他不断的努力和学习，馅食粥馆的管理制度逐步完善，经营利润也逐月增长。

　　学习不单是一种知识的增加或创新变革的积累，更是经营管理本身不断健全的一种根本方式。如果说成功是一座摩天大厦，那么发现问题、解决问题的过程就是在探讨如何让它垒砌得更加坚实。所以，无论学习体现在哪个环节，都足以说明它在创业者基本素质中所具有的重要性。

第二章

选好合伙人，看能力更要看人品

对合伙人要有全面、透彻的了解

在商圈中流传着这样一句话：有钱比不过"有人"。很多人在创办公司之后会突然发现需要扩充人脉圈：一方面保证公司健康、稳定地发展；另一方面促进产品的销售，保证产品能够长销不衰。事实上，良好的人际关系都是平日里一点点积累起来的，哪些人值得交、哪些人不值得交，只能靠时间和共事来检验。因此，寻找公司合伙人时一定要仔细斟酌，慎之又慎。

无论是谁，一般很难及时察觉到自身存在的盲点，对创业者来说更是如此。一个人的精力、时间、能力具有很大的局限性，而选择一个对的合伙人不仅能够帮助你及早发现问题，弥补自身的不足，还能与你一起面对创业道路上的风雨坎坷，帮助你顺利渡过每一个难关。那么，如何才能选到一个对的创业合伙人呢？

雷军说，在创业初期，他70%的时间都花在了寻找合伙人上，而且他很明确地知道，要找跟自己不一样的合伙人，彼此之间能够做到互补，或者说能成为彼此的"镜子"。

可见，"合伙"并不是谁雇用谁，而是大家在一起，为了共同的利益，表达自己的观点和看法，贡献自己的力量，取长补短。在现实生活中，每个人都不是全能型的，总有优缺点，跟一个对的人合伙，能够做到互相弥补、互相成就、互想成长，最终实现互利共赢。

什么样的人才算是一个对的合伙人呢？

首先，要确保合伙人的人品是绝对没有问题的。在创办公司的过程中势必会遇到问题。这种时候，如果合伙人不能与你同舟共济，而是满腹牢骚、吵闹着要散伙，那么再小的困难都会成为翻不过去的火焰山，创办的公司也就别想有更快、更好的发展。

其次，确保合伙人的理念跟自己是一致的。这里所说的理念，包括经营理念、价值观等。如果合伙人彼此之间理念不一致，那么在沟通上就可能会产生很大的分歧，严重时会对彼此失去信任，进而导致分道扬镳。与其如此，还不如当初不合作。只有理念一致，才会为了同一个愿景而奋力拼搏。

最后，合伙人彼此之间的能力一定是互补的。比如，阿里巴巴这个团队中，马云所具备的是独特的思维模式、远大的眼光、超凡的语言天赋和沟通能力，对相关的技术却并不了解，但他的合伙人中却不乏技术高手、市场高手、运营高手，正是他们彼此之间能力的互补，成就了阿里巴巴如今的盛况。

因此，只有寻找到一个对的合伙人，才能免去创业路上的后顾之忧。

如何建立一个高效的团队

创办公司要有一定的基础，否则就像是无源之水、无本之木，注定不能长久。具体来说，公司成功发展所凭借的条件就是创业者所拥有的资源。对创业者来说，在各种要素中，公司做大做强的必要前提是必须具备一个高效、有战斗力的团队。而在这个团队中，少数的精英是带动整个团队的重要力量。

李嘉诚曾经也是打工人出身，由于他独具慧眼，善用人才，因而将一个破旧不堪的小厂发展壮大为跨国集团公司，而他本人也摇身一变成为华人首富。李嘉诚说："如果不是有众多的人才为我办事，就算我有三头六臂，也难以应付这么多的事情。所以成就事业的关键就是要拥有一个高效的团队，协助你的工作，这便是我的成功哲学。"

公司起步阶段是艰苦的，为了给员工树立榜样，李嘉诚身先士卒，逐渐增强了团队的凝聚力。接下来，他提拔了当时身为员工的盛颂声跟周千和。

盛颂声负责生产，周千和主理财务，在二人的鼎力协助下，公司迅速发展壮大。与此同时，有了盛颂声和周千和的带领，公司其他员工也纷纷严格要求自己，兢兢业业，任劳任怨，让公司在很短的时间内又迈上了一个台阶。

李嘉诚的成功在于他组建了一个极佳的合作团队，彼此之间分工协作、有条不紊。尤其值得一提的是，在团队协作奋斗的十多年时间里，高管人员的流失率不足1%，比香港任何一家公司都少得多。

除了李嘉诚外，联想集团创始人之一柳传志也十分看中团队的力量。早在20世纪80年代初，他就聘请科学家倪光南加入联想，提升团队的科技实力，最终研发出"联想汉卡"和"联想微机"，带动了联想的起步。后来，深谋远虑的他多次南下香港，利用吕谭平的资源和人脉，为联想构思出合适的制度架构。

由于柳传志的知人善任，联想长期以来都不缺少精英，而且每当公司团队出现危机时，柳传志总能寻找到最适合的人才出面解决问题。他曾先后提拔了孙宏斌、杨元庆和郭为等人，他们也没让柳传志失望，凭借敢打敢拼的劲头，贡献自己的力量，逐渐让联想成为中国IT企业的领头人。

带好一个团队难，建立一个高效的团队更难。李嘉诚和柳传志的成功虽不能复制，但我们可以从中学得他们的经验。比如一些中小型公司，领导者要善于与团队成员进行沟通，同时也要慧眼识人，对某方面表现得特别优秀的人委以重任，用他们的激情去感染、带动整个团队的人，让大家共同投入到公司未来的发展中。只有做到人尽其才，才能促使他们发挥自己最大的潜能，取得更加优异的成绩。

一个优秀的团队，其成员必须有共同的目标，而这也是凝聚团队的重要因素之一。制定切合实际的目标，并将其细化成若干个中短期目标，分期实现。这样做有利于增强大家的信心和团队的锐气，使每个人都能获得成就感，并为接下来的目标付出更多的努力。值得注意的是，团队目标不宜太高太远，总是实现不了的话，就会逐渐消耗团队成员的精力，降低士气。同时，发现团队中有人出现散漫状况时，要及时跟他们沟通，给他们信心，鼓励他们继续前进。

总之，一个人的智慧和精力是有限的，要想成就一番辉煌的事业，无论是创业者还是高管人员，必须懂得借助优秀人才的力量，用关键的、少数的精英带动整个团队的发展，借助团队的进步推动整个公司的壮大，是众多企业的成功之道。

合伙人股权划分

从实践来看，创始合伙人之间的股权划分是一门艺术，而非一门可以精准量化的科学。股权分配是创业之初的难题之一，困扰着很多创业者，因为牵涉到太多利益和人的因素，所以要合理、友好地解决创始团队股权分配问题，达成公平合理的股权分配方案。只有这样，创始人才更有可能同舟共济地克服合伙创业道路上的后续难题，携手走向美好的明天。

合伙人往往是价值观一致且对创业方向彼此认同的伙伴。创业伙伴通常能够在理念、性格、能力和资源等方面形成互补。团队和管理，产品和技术，业务和运营这三个角色正体现了这一点，擅长凝聚团队或融资的创始人可能需要技术合伙人，也有可能因技术并非壁垒而需要细分领域的业务和运营合伙人。

通常情况下，我们建议创业者尽量不要将兼职的创业伙伴作为合伙人对待并给予股权，因为兼职创业所承担的风险与全职是不一样的，同时存在着精力和时间投入没有保障以及考核不便等问题。如果现实情况是必须接纳兼职合伙人，那么应当考虑股权比因其兼职的缘故而打折扣。

此外，有些创始人容易混淆合伙人与核心员工。大多数合伙创业的企业拥有一至两名联合创始人。如果一家创业公司号称除了领头的创始人外还需要四名甚至更多联合创始人，那么很有可能是公司 CEO 没有勇敢地面对现实，而是基于面子或初创企业的劣势等因素考虑，给了早期核心员工一个联合创始人称号而已。谁会真的认为公司的成败取决于五位以上的创业合伙人呢？这一点也可以很容易从国内外创业领域的主流成功案例中总结出来。

　　还有一个比较常见的问题是区分投资人与合伙人。在现实中，我们发现有些投资人可能会以给创始人提供需要的各种资源或支持为名，要求按照合伙人的待遇取得公司股权。我们的答复通常很简单：这些"合伙人"会像你一样全身心地扑到创业中来，并承担创业失败的风险吗？即使是提供了资金、人力和业务等战略支持的合作方（例如内部孵化项目），创始人也要注意限制让出的股权比例，因为创业成功往往需要留出股权给自己未来的真正合伙人，更遑论后续融资还会稀释创始人的股权。如果创始人的股比在早期阶段就被严重挤压，那么后期的投资人就会怀疑创始人是否有足够的股权驱动力对创业全力以赴。

第三章

公司注册与成立需要注意的事项

注册公司之前应该做好哪些准备

1.公司的名称、商标与域名

注册公司前要起好名称，名称不仅要好听好记，更要便于传播。同时还要注意两点：一是公司名称最好与产品或服务的品牌一致，这样便于之后的品牌建设与推广；二是在确定公司名称之前，最好先查询一下该公司名称或商标是否已被别人注册。如果想把公司名称作为公司产品或服务的商标或者域名，那么公司名称一旦确定，就务必第一时间申请注册与公司名称对应的商标或域名，避免被第三方抢先注册，而耗费更大的代价从第三方手中买过来。

2.公司的注册地址

公司选址同样需要认真考虑与研究。一方面，各地为了吸引企业落户，竞相出台地方性的财税优惠政策及企业扶持政策，对于那些"政策高地"与"税收洼地"的地区，创业者要提高警惕，因为这种地区暗藏着被清理或整顿的风险。另一方面，公司地址必须符合办公性质，并且要考虑成本、交通、劳动力及配套设施等因素。在办理工商注册登记及税务登记时，提供注册地址的相关资料，如房产证复印件、租赁协议等。

3.公司的注册资本与注册资金

注册资本也被称为法定资本，是公司投资人认缴的、在登记机关依法登记的资本额，体现的是股东与公司之间的投资与责任关系，而且股东投入的资本一律不得抽回，且未经法定程序不得随意增减。

注册资金是公司实有资产的总和，包括流动资金和固定资金，体现的是公司的经营管理权，且注册资金随着实有资金的增减而增减。但要注意，当企业实有资金比注册资金增减超过 20% 时，就要进行变更登记。

新修订的《中华人民共和国公司法》对注册资本提出了新规定。比如，放宽了注册资本的登记条件，除法律、行政法规以及国务院决定对公司注册资本实缴有另行的规定以外，一般公司均可实行注册资本认缴制，并且取消了最低注册资本的限制，以及公司股东应当在公司成立之后两年内缴足出资，投资公司可以在五年内缴足出资的规定等。

有一点需要提醒创业者，注册资本的设定还得考虑公司业务自身的特殊性，有些行业对公司注册资本提出了特别的要求，比如公司的业务需要 ICP 牌照，那么公司的实缴注册资本就不能少于 100 万元人民币，否则的话就达不到申请 ICP 牌照的要求。

4.公司的出资形式

出资形式是创业者在成立公司前需要考虑并做好相关准备的另一个方面。最常见的出资形式是货币出资。如果创业者只用货币来出资，准备工作就相对简单，筹好"银子"就行了。条件合适时，创业者也可以用知识产权等非货币资产来出资。此时，创业者需要确保用来出资的知识产权的所有权系创业者所有且可以不带权利负担或瑕疵地过户给公司。另外，知识产权等非货币资产用来出资时需要评估，这点创业者也需要有所准备。

5.行业资质与证照

有些行业公司需要获得特定的资质或证照方可从事相关业务，如不少互联网企业需要 ICP 牌照。成立公司前，需要了解公司拟从事的业务需要哪些资质或证照，公司获得这些资质或证照的可行性及难度，以及为了获得此类资质或证照，公司或其股东需要满足何等条件等（如申请 ICP 牌照要求公司实缴的注册资本不低于人民币 100 万元），并相应地做好相关的准备与安排。

6.注册股东谁来当

成立公司时，需要确定公司的注册股东。如果公司的注册股东就是公司的创业者自身，就不存在额外的准备工作。如因某种原因创业者本身不作为公司的注册股东，需要找其他人作为注册股东代其在公司持股的话，创业者需要做好如下准备工作：

（1）选定代持人。

（2）与代持人拟定并签署代持协议。为了避免或减少股权代持方面的风险，创业者需要在此方面有周密的思考与准备，不能马虎。

7.公司的股东协议

如果一家新注册的公司有两个或两个以上的股东，那么最好在公司成立之前签订股东协议，明确每个股东在公司享有的权益（尤其是股权的授予与退回机制）、承担的责任、公司的治理权与管理权等，避免因事先约定不明，导致今后公司出现问题或者利益分配时产生矛盾，削弱团队的凝聚力与战斗力，给公司的发展带来极大的不利。

8.公司注册的流程

为了避免做无用功，在注册一家新公司之前，应该先简单地了解一下公司注册的流程，以便更高效地完成注册。

（1）核准公司名称。去工商局领取一张《企业（字号）名称预先核准申请表》，正确填写拟定好的公司名称。工商局会根据填写好的名称进行检索，如果发现重名，那么就需要重新取名；如果没有发现重名，那么就可以使用这个名称。在核准通过后，工商局会发放《企业（字号）名称预先核准通知书》。

（2）拟定和打印公司章程。将公司的章程拟定好，并且打印出来，这是注册公司所需的资料之一。

（3）接下来要做的就是验资。验资的流程如下：

①去银行开一个临时的账户，将注册资金存入账户中。

②去具有验资资格的机构进行验资，验资后出具验资报告。

（4）申请营业执照。验资结束后，办理人带着验资报告、股东签名的《公司设立登记申请书》、《指定代表或者共同委托代理人的证明》、《企业（字号）名称预先核准通知书》、公司章程、股东身份证明文件及主体资格证明、法定代表人身份证明及任职文件、公司注册地址证明文件等资料前往相关工商局进行办理。

（5）企业凭营业执照去刻公章和财务章等。

（6）凭营业执照和公章办理组织机构代码证。

（7）凭营业执照、组织机构代码和公章办理国税、地税登记。

（8）凭营业执照、税务登记证和公章去开设银行基本账户，领取发票后，就可以正式营业了。

9.怎样注册公司商标

对于创业者来说，注册公司的商标是很重要的事情。这件事情其实并不复杂，个人只要持身份证就可以申请注册商标。但是要记住，商标的申请过程需两年左右，注册下来的使用期限为十年，有效期限内不用再缴其他费用。

申请注册商标的两条途径：

（1）找自己所在地的国家认可的商标代理机构办理。

（2）直接到商标局的商标注册大厅（北京）办理。

商标的办理步骤：

（1）委托商标代理机构办理商标的时候，申请人可以自愿选择任何一家国家认可的商标代理机构办理。

（2）可以直接到商标局的商标注册大厅申请办理商标。在办理商标的时候，你可以按照以下步骤办理：商标查询→准备申请书件 → 在商标注册大厅受理窗口提交申请书件 →在打码窗口打收文条形码→ 在缴费窗口缴纳商标注册规费 →四个月左右商标局发出受理通知书→如审核通过，两年左右发证。

需准备的资料：

（1）找代理机构办理商标只需准备身份证复印件和商标图样的电子档就可以了，他们会帮你查询，做图样，准备申请书等资料。

（2）自己办理商标需要准备商标申请书一份、经办人身份证原件及复印件、商标图样 6 张（每张不大于 10cm×10cm，不小于 5cm×5cm）。

相关费用：

（1）代理公司办理商标：1800 元左右。

（2）自己办理商标：规费 1000 元，查询、打印等费用，如不在北京，还有一笔差旅费。

第四章

彰显企业文化内涵

对工作投入热忱

对工作投入热忱既是一种工作态度，也体现了一种工作精神。一个人若能做到这一点，可以想象一下他的成就。比尔·盖茨曾经就把这种精神发挥得淋漓尽致。他每周都会工作 60 ~ 80 个小时，而公司里的员工也在他的带动下变成了工作狂。正是这种狂热的工作热情，使得微软公司的员工不断开拓创新，生产出一批批适应市场需求的先进软件。不得不说，这种精神正是每个人应当学习的。

在微软公司刚刚成立的那几年，公司聘用了一位 42 岁的女秘书——米丽亚姆·卢宝。这位女性刚到公司的时候，这里的工作氛围让她大吃一惊。她发现微软的员工居然全是工作狂，尤其是他们的老板比尔·盖茨。

在米丽亚姆·卢宝和比尔·盖茨相处的过程中，她发现比尔·盖茨工作非常努力，他几乎每天都在工作，从不休息。有的时候，他甚至可以好几天都不离开自己的办公室。米丽亚姆·卢宝经常发现比尔·盖茨睡在自己办公室的地板上。为了工作，比尔·盖茨经常会忘记吃饭，所以米丽亚姆·卢宝开始像一个母亲那样关心他，提醒他去吃饭，还常常在吃中午饭的时候给他带汉堡包。在会客的时候，米丽亚姆·卢宝会在时间差不多的时候提醒比尔·盖茨："比尔，你们快停一停，先吃午饭吧。客人们可能都饿坏了，现在已经下午两点钟了。"

微软公司的工作氛围成功地感染了米丽亚姆·卢宝，米丽亚姆·卢宝把公司绝大部分的管理工作都包了下来，同时她还尽可能地让那些程序编制人员在最舒适的环境中工作。

比尔·盖茨曾这样说道："每天一醒来，一想到所从事的工作和所开发的技术将会给人类生活带来的巨大影响和变化，我就会无比兴奋和激动。"这句话阐释了比尔·盖茨对工作的激情。他认为，一个能够成就事业的人，最重要的素质就是对工作充满激情。这种对工作的狂热态度，已经成为微软文化的核心。

这样狂热的工作方式对于好逸恶劳的人实在是一种挑战，特别是对于注重休闲生活的美国人而言，夜以继日地为公司奋斗实在是件难事，但微软还是能够吸引大批的人才。

比尔·盖茨能够让微软公司的全体员工，或者称工作伙伴，长时间毫无怨言地工作。由此可以看出，比尔·盖茨的确已经在微软公司内部营造出一种氛围、一种企业文化，让大家有长时间工作的动力。在比尔·盖茨的带动下，全体员工也变成了工作狂。就此，他曾说道："这些人，每天都是一边工作，一边想着'我要赢'。故此，在周末工作并不是稀罕的事。"

事实证明，在职场中，管理者对员工的影响是巨大的，有什么样的管理者就会有什么样的员工。而企业的文化就隐藏在每一个工作细节中，员工对工作的激情正是在管理者的带动下产生的。所以，企业的管理者在对待工作时也要投入热忱，这样有助于在企业中形成一种无形的感染力，进而使员工为企业创造辉煌贡献力量。

搞清楚问题的关键

一家公司想要延续百年是很困难的，宝洁公司之所以能够成为百年企业，就是因为它有着非常深厚的文化底蕴。

宝洁公司非常重视每个员工，它的企业文化就是以人为本，充分调动员工的积极性和创造性。在强调实施品牌战略的同时把企业文化与市场开拓完美结合起来。这样一来，使得公司在跨国经营中实现了不同文化的深层次融合，获得了巨大的成功。而这些，正是宝洁成为百年企业的坚实基础。宝洁公司的特点是结构简单，人员精简。这与公司雷厉风行的行政风格相吻合。深刻明了的人事规则和"一页备忘录"的标语，使得宝洁公司的制度推动顺利。

宝洁公司的前任管理者理查德·德普雷非常讨厌任何超过一页的备忘录。他通常会退回冗长的备忘录，并且在上面附加一条命令："把它简化成我所需要的东西！"如果这条备忘录不仅冗长而且复杂，那么他还会加上一句："我不理解复杂的问题，我只理解简单明了的。我工作的一部分就是教会他人如何把一个复杂的问题简化为一系列简单的问题，这样我们才可以更好地进行下面的工作。"

一次，一位经理向理查德·德普雷递交了一本厚厚的备忘录。在这本备忘录中，他详细地介绍了他对公司存在的问题的处理意见。没想到，理查德·德普雷连看都没看，就在上面加了一条批语："把它简化成一页纸！"

曾经在宝洁公司担任总裁的爱德华·哈尼斯在谈到这个传统时说："从意见中择出事实的一页报告，正是宝洁公司作出决策的基础。"

这种"一页备忘录"能够解决公司存在的很多问题。第一，因为只有少量的问题需要讨论，所以复核和使其生效的效率大大提高了。"一页备忘录"使人们的头脑明朗化。第二，简单的备忘录可以按照条目展开，简洁易懂。总之，简单的"一页备忘录"在工作中是非常重要且有效的。

查尔斯·埃姆斯是阿克米·克利夫兰公司的总裁，他还担任过雷兰斯电器公司的总裁。这位总裁先生曾经发表了一个与"一页备忘录"相关的观点："我可以让一位部门经理连夜赶出一份多达 70 页的意见稿，但在我看来做不到的是得到一份只有一页的稿子、一个图表，只注明趋向和根据这些趋向所作出的预测，然后说："这三个因素可能会使其表现得更好，这三个因素可能会使其变得更糟。'"

一位金融分析家曾评价宝洁公司说："他们干的是费力活，把事情搞得很透彻。"另一个人补充说："他们处理问题很精细，甚至追求完美。"旁观者质疑，如果说报告只有一页，他们是如何使其处理得如此透彻、如此精湛的呢？部分答案是：他们不遗余力地努力将其浓缩为一页。由助理品牌经理或是年轻的品牌经理起草的第一份备忘录，至少有15页。另一部分答案是：他们做了大量的支持性分析，正如其他人的做法一样。宝洁公司的不同之处就在于，它不会把这些备忘录强加于人。"一页备忘录"这一风尚的另一个令人信服的特征便是用纸数量少。

这就是宝洁的风格。在宝洁公司随处可以见到"一页备忘录"这条标语。他们坚持只用一页便笺进行书面交流。宝洁的管理者要求员工不遗余力地将报告的精华浓缩到一页纸上，把问题搞清楚，把事情搞透彻。

为了提高效率，任何制度都可以简化。采用简便的方法更能加强企业内部的沟通，所以"一页备忘录"就是一种行之有效的手段。同时，"一页备忘录"成了宝洁企业文化的一种折射，在公司内部形成了一种风尚。

"一页备忘录"可以在一张纸上把问题搞清楚，把事情搞透彻，能将工作化繁为简。马上行动，追求简单，事情就会变得越来越容易；反之，任何事都会对你和你的员工产生威胁，让你感到棘手、头痛，精力与热情也跟着减退。就像必须用双手推动一堵牢固的墙似的，费好大的劲儿才能完成某件事情。化繁为简，可以让你的工作变得可行，你的信心和幸福感也会跟着大增。

"要我干"和"我要干"

海尔集团的创始人张瑞敏在接受《中外管理》杂志采访时曾表示："我很佩服 GE（通用电气）的韦尔奇，因为他既能把企业做大，同时又能把企业做小。在全球诸多企业中，只有他做到了。"

这不仅是张瑞敏所欣赏的，也是海尔正在做的。海尔集团就是要充分发挥每位员工的创新精神，把每个员工经营成 SBU（战略业务单元），成为海尔发展的动力，从而保持企业安全稳定、快速永续的发展。

SBU，是 Strategic Business Unit 的缩写，意思是战略业务单元。如果在一家公司中，不仅每个事业部是 SBU，而且每个人都是一个 SBU，那么这家公司的战略就会落实到每一位员工，而每一位员工的策略创新又能保证集团战略的实现。

海尔集团的做法是让企业中的每个人成为一家公司，每个人都能做到自主经营。海尔把这个思路叫作"每个人都成为一个 SBU"。这样做的本质是将创新精神作为"基因"植入员工身上，在这个基础上创造有价值和竞争力的订单。

SBU 一方面赋予每个人独立创新的天地，实现员工创新空间和自我价值的最大化，可以最大限度地激发员工的创造性、积极性和潜能，是一种真正的本能管理模式；另一方面，每个人都是一个市场，每个人又直接面对一个市场，每个人的报酬与他的市场订单直接挂钩，按效分配，体现了市场经济时代分配的公平性。这是一种倡导员工自我经营的领先的经营理念和经营方法。

对员工来说，SBU 意味着要成为创新的主体，应该通过在为用户创造价值的过程中体现自己的价值，就是经营自我；对企业来说，如果每个人都成为SBU，那么每个人都会成为企业的核心竞争力，这样一来就可以做到令竞争对手不能模仿和复制；对用户来说，就意味着在网络时代，对企业和品牌的忠诚度。如果每个员工都在创新，那么用户的需求无论怎么变化，企业都能抓得住用户的心。

海尔集团的创始人张瑞敏说："螺丝钉精神的本位意识是诱发身躯僵硬、行动迟缓的'大企业病'的原因所在。而这种螺丝钉精神和海尔目前让企业整个系统贴近顾客、迎合市场的目标存在矛盾。"

正是因为这样，所以海尔集团才全面推行SBU机制，使员工不再成为庞大企业机器里只知被动完成任务的僵化的"螺丝钉"。

由此看来，企业的发展前景不是看企业的规模大不大，关键是看这家企业的细胞有没有活力。做企业的最大问题，也正是如何使企业的每个细胞都是活的。这种"活"并不在于活一天还是活五天，而是应该保持整体细胞的活力。虽然有老化死掉的，但还会有新的细胞生出来，不断进行新陈代谢。为未来创造价值，为未来活着是海尔永葆活力的关键所在。

海尔的这个独特的经营思想正在逐步地被国内外企业界所接受和效仿。在第八届"亚洲的未来"国际交流会议上，张瑞敏将刚刚创建的SBU思想献给了听众。三洋电机的井植敏会长评价说："张瑞敏不仅是中国的经营大师，也是世界的经营大师。日本的企业应该向海尔学习，从而也变成快马。"

虽然SBU真正的难点在于实际执行，但是技术上的难题也不容易解决，因为SBU的基础是首先对岗位进行分析。岗位分析的实质是给岗位定价，给人定价。海尔现有3万多员工，按随机抽样调查的样本，至少应发500张调查表，需要做大量的调研和核算工作。

张瑞敏表示，海尔做的就是打通员工与市场的壁垒的工作，让每个人都直接面对市场。海尔的每个员工都直接面对市场的销售利润。如果员工自己参与的产品在市场上亏损了，就不能得到收入，只能从海尔集团借工资、借生活费，而且最多只能借6个月，到时候市场利润再上不来，就会请他离开。所以，SBU 把市场的压力直接转移给了员工。

海尔物流推进本部的采购经理张永劭就是一个典型。他感叹说，SBU 把他从一个普通的采购员变成了一个采购经理。他以前作为采购员，只管买材料就行了，可现在要参与设计、生产和销售过程中的不少"分外事"。例如，他所采购的钢板被用到冰箱上，冰箱投放市场，一旦产品在这个环节上出现了质量问题，责任也会追究到他。SBU 给了员工最大化责任，还给了员工同样大的创造空间，而后者才是管理者最想赋予员工的东西。

2002 年，全球钢板价格不断上扬，张永劭不但保证了集团对钢板的需要，还争得了同行中的最大价格优势。2003—2004 年，他更是把客户从海尔扩大到了外部，做起了"第三方采购"。在业务越来越多，一个人忙不过来的情况下，他自主决定雇佣了几个人。海尔鼓励像张永劭这样经营几个亿的"微型公司"，让张永劭以老板自居去经营，使企业给他的资源增值，使个人的价值增值。

马斯洛在需求层次理论中明确指出追求自我实现是人的最高需求动机，它的特征是对某一事业的忘我献身。高层次的自我实现具有超越自我的特征，具有很高的社会价值。实际上，这种自我实现体现的就是成就感。

SBU 一下子道出了现代企业管理中最本质的东西，即人的最高追求应是自我实现，激活组织中的每一个细胞是每一个领导者最大的梦想。海尔正是通过 SBU 机制，把创新思维和员工自我实现需求有机融合，使海尔人在一步步的前进中品尝到了成就感，进而充分挖掘自己的潜能，从"要我干"变成"我要干"，拥有一种掌控全局的责任心。

今日事今日毕

企业赖以生存的不变法则之一就是今日事今日毕。这种法则不仅是对客户负责，也能帮助企业树立良好形象。在这方面，沃尔玛就做得很好。沃尔玛的各个连锁店的员工非常忙碌，大家相互照顾，每天都会按时完成当天应该完成的事情。正是员工的这种精神，使得沃尔玛的生意蒸蒸日上。

沃尔玛的管理者制定了自己的管理制度，要求员工应该在接到顾客、供应商或其他员工的电话的当天对这些电话进行答复。迅速回应顾客表明关心顾客，沃尔玛不一定会在日落之前解决每一个问题或者完成每一项任务，但它会与顾客保持联络，这体现了沃尔玛公司的一条基本原则——沃尔玛关心顾客。

某一个周末的晚上，在商店快关门的时候，有一家四口走进沃尔玛设在夏季旅游景点里的一家店。虽然这家店就要关门了，可是店员还是把他们迎进店里，询问他们需要什么帮助。原来这家人刚刚来到镇上自己的夏季别墅，却发现没有水，他们急需买根水管。店员领他们到卖管道的柜台，可是并没有他们需要的水管。这事要是在其他商店里，并且是周末过了关门时间，多数店员大概会说："对不起，我们这里没有您要的水管，您到其他商店问问吧，再见！"但在沃尔玛不会这样，店员马上打了几个电话帮助订购他们需要的水管。后来，他们在一家管道商那里找到了所要的水管。店员和他们一起到管道商那里，帮其挑选出合适的管子，然后送到这家人的别墅里，直到帮其把水管安装好，看到水管里流出水才离开，这时已是午夜12点多。沃尔玛店员的热情服务使得这家人在经过长途旅行后可以舒适地享受一下。可以肯定，在以后的日子里，这家人绝对会成为沃尔玛忠实的顾客，并且他们还会给沃尔玛带去更多的顾客。

这就是沃尔玛的"日落原则"。在这个忙碌的地方，大家的工作相互关联，当天的事情当天完成，即日落以前完成，是员工的做事准则。无论是楼下打来的电话，还是顾客的要求，人人都应该当天答复每一个请求，员工要努力做到当天解决应该解决的问题。

第五章

为资金把脉的投资管理

投资需要适当的规模

企业的投资规模决定了投资者对选定的产品的要求数量及其生产技术水平。

制约企业投资规模的主要因素：

（1）社会对这种产品的需求总量以及市场竞争状况。

（2）该产品的技术特点和所在行业的特点。

（3）该产品在企业全部产品中的地位及对企业发展的影响。

（4）企业的能量级，主要是指企业自身的生产经营情况以及企业素质、企业筹集和调配资源的能力。

在上述因素中，前三个因素决定了产品投资应该达到的规模，最后一个因素则决定了企业能够达到的投资规模。在四个因素结合的最佳点上，就是投资者的最优投资规模。

为了使创办企业的投资者在决策时能够更好地选择战略方针，我们将投资的战略归纳为如下几类，下面分别进行介绍。

1. 发展型投资战略

发展型投资战略是投资者在现有水平上向更高一级迈进的战略，也是投资者广泛推行的战略。在国民经济的高速发展时期，这一战略普遍收到了良好的效果。

对于一个投资者来说，如果试图同时在两个基础上实行多角度的投资战略，那么这家企业必将遇到极大的困难。这是因为这两个基础要求有不同的管理思想、管理方式和投资战略，它们面临的问题也不同，一些发达国家的企业的实践已证明了这一点。

2.稳定型投资战略

稳定型投资战略适用于稳定或下降行业中的企业。这些行业的市场规模已无法继续扩大，企业产品在质量、性能、形式上已没有什么改变的余地，供需达到一定的平衡，这时的企业只有防御之功而无进取之力，继续投入资金的意义已经不大。因此，这种战略的特点是：在投资方向上不再将老产品作为重点，不再追加设备投资，而是努力寻找新的投资机会；不再扩大现有企业规模，但尽可能地保持市场占有率，降低成本和改善企业现金流量，以尽可能多地获取现有产品的利润，积聚资金为将来的发展做准备。因此，企业除了对维持现在产品所需的一些项目进行小规模投资外，还可能对一些企业现有产品之外的"短平快"项目进行投资。

稳定型投资战略实际上是产品转向的一个过渡阶段。其过渡时间的长短取决于老产品的寿命周期和转入新产品的难易程度。

企业推行这一战略的要点是：投资决策者要切实把握企业的优劣势，选准新的产品为投资对象。

3.退却型投资战略

这一战略多用于经济不景气、资源紧张，企业内部存在着重大问题，产品滞销，财务状况恶化，政府对某种产品开始限制以及企业规模不当，无法占领有利的经营市场等情况，其实施的对象可以是企业，也可以是事业部、生产线或一些特定的产品和工艺。这种投资战略的特点是：从现经营领域中抽出投资，减少产量，削减研究和销售人员。这种战略又可分为两种：

（1）完全退却的投资战略。当企业受到全面威胁，即将破产时，将全部资产清算出卖以收回资金、偿还债务。

（2）部分退却的投资战略。在企业受到严重威胁时，为了生存，企业将部分非关键产品或技术出卖，或者委托别人管理，放弃在某一领域的努力，紧缩经营规模，转产经营别的产品或与其他部门合并。

上述几种投资战略是投资者在选择时应全面考虑的内容。只有这样，才能选择适当的投资规模，量力而行。

产业资本与金融资本的融合

纵观市场经济发展的历史，我们不难发现，当产业资本发展到一定阶段时，由于对资本需求的不断扩大，就会开始不断向金融资本渗透；而金融资本发展到一定阶段时，也必须要寻求产业资本的支持，以此作为金融产业发展的物质基础。于是，产业资本与金融资本的融合就像冬虫夏草一样密不可分。

据了解，在世界500强公司中，有80%以上都成功地进行了产业资本与金融资本融合的经营行为，而国内的产业资本和金融资本的融合才刚刚开始，还处于初级阶段。一位金融专家曾经说过，从表面上看，我国公司的产业资本已经与金融市场"紧密"地结合在一起，但实际上，金融资本与产业链条并没有实现真正意义上的互动。

在产融结合中，如何才能挖到"第一桶金"呢？作为一个有远大抱负的管理者，要做到：

1. 根据资本运作的客观规律行事

产业资本运作和金融资本运作有着不同的客观规律。以产业资本为例，传统产业的投资大多数是中长期投资，一般要在三到五年之后，才有可能有丰厚的利润回报，有的产业回报期可能更长。而金融业则不同，例如在股票市场上，只要投资准确，回报期可能很短，利润也可能很高；与此同时，如果投资失误，那么投资者也可能在很短的时间内一败涂地、血本无归。

所以，在产业资本和金融资本这两个完全不同的领域中，公司对资本的回报率、流动资金周转率、固定资产占有率、固定资产折旧率、利润回报率等财务指标的要求都是不一样的。如果对这些客观规律没有正确的认识，即使你的公司从产业资本领域进入到金融资本领域，你也未必能够挖到"第一桶金"。

2.要有必要的人才储备

每个管理者不可能做到事事精通，所以当公司决定从产业资本领域向金融资本领域渗透时，必要的人才储备是必不可少的。反之，当金融公司希望向产业资本领域投资时，也要网罗一些精英人才，才有可能在自己并不熟悉的领域大展拳脚。

张瑞敏曾对记者说，他们在制造业方面的经验，如果生硬移植到金融业中，很可能会阻碍集团的发展。有些做法是难以移植的，但创新的思路，创新的发展战略，大胆引进人才的机制，都有助于海尔集团进入它原本比较陌生的金融领域。为了提高自己对金融领域业务的判断力，海尔还邀请了一些金融业的专家来参加海尔的有关会议，虚心听取这些专家的意见。

3.要对金融市场的风险有足够的承受力

在物质基础方面，具体地说，要有相当丰厚的资本和产业实力作基础，才可以进入金融领域。对此，管理者要有充分的准备。在心理承受力方面，因为金融领域内的刺激性新闻很多，当这些新闻与自己的经济利益息息相关时，就会有一种"切肤之感"，不管是亏损时让你感到的"切肤之痛"，还是盈利时让你感到的"切肤之乐"，都需要你有足够的心理承受能力。如果没有充分的准备，那么金融市场中的风险带给你的痛苦将大于欢乐。对此，许多产业领域的管理者们未必都已经准备好了。

单一扩张与多元扩张

企业在做大做强时，会面临着业务发展多元化和单元化选择的难题。其实，多元化发展能够较快扩大公司的业务量和企业规模。而事实上，有很多公司在多元化发展中呈现出亏损现象。由于选错了发展体系，把企业弄得得不偿失，最后还威胁到企业的生存与发展。

单元化发展有利于企业集中精力把自己的业务做深做精做大，集中全部的资金、精力和智慧，专攻某一领域，容易在市场上站稳脚跟，也容易积累经验，形成强大的竞争力。任天堂就是一个例子。

19世纪末，流行于欧美的纸牌传入日本，数量很少，只有贵族才能玩。日本京都一个叫山内房治郎的人看准纸牌即将流行，开设了一家专门生产纸牌的作坊，取名为任天堂。十几年后，山内房治郎的女婿继承了这家作坊。随着纸牌在国内的流行，任天堂占据了日本纸牌市场的很大份额。

后来，山内房治郎的孙子山内溥继承了任天堂的产业。这位年轻好玩的大学生接管任天堂时，很多人都在看他的笑话，等待任天堂的寿终。但山内溥可能继承了先辈们经商的天赋，居然认真地干了起来。他建立总公司，集制造和销售于一体，强化组织体制，不惜违背先祖定下的规矩，借钱办厂，把以手工生产方式为主的任天堂变成了现代的流水线生产。1953年，他针对纸牌寿命比较短的缺陷，大量制造塑料扑克，营业额大增。1955年，他与美国的迪士尼合作，大量生产带有米老鼠、唐老鸭的卡通扑克，而且压低售价，一时间，全日本都在用任天堂的扑克。随着销售量的直线上升，任天堂从一家制作扑克的小作坊变成了被全国熟知的企业。

好景不长，塑料扑克尽管耐用，但是其图案一直不变，对于那些好猎奇的欧美人来说，他们更愿意使用一次性扑克。任天堂的商品大量滞销，而日本由于有许多新流行的娱乐方式，青年人已经远离了玩牌这种活动，玩牌已经从贵族游戏变成了下等人的一种象征。任天堂的危机没有让山内溥失去信心，他仔细思考，感觉任天堂还是不能脱离娱乐这一行业。他把目光转向了电子游戏，而且集中了全部资本和人力资源，这有一点像赌博，但顽强而固执是日本企业的共性。1973年，任天堂和三菱电机公司合作的液晶电子录像机推出市场后，扭转了任天堂业务下滑的趋势。不久，任天堂继续向电子游戏业发动进攻，推出了6种可供选择的家用彩色电视游戏机。之后每年，任天堂都会推出电子游戏机型，并提供各种游戏软件。任天堂旋风席卷了整个日本企业界，其员工也士气大振。

20世纪80年代，永不满足的山内溥决定继续向电脑游戏进军。当时，日本和美国的几家企业推出了电脑游戏机，售价都在几万日元之间，销售量不大。任天堂经过大量投入和艰苦科研，终于研究出成本低，但功能却比美国家用电脑更好的产品，终于使美国人投降，退出了电脑游戏市场。从此，任天堂获得了在电脑游戏领域的霸主地位。任天堂成为了电子游戏的代名词，产品畅销世界各地。可以说，世界上只要有电子游戏的地方，就有任天堂。但即使这样，任天堂仍然不放弃它赖以发家的本钱——扑克牌。

单元化发展固然有很多的优点，但很多企业原来的主业竞争加剧，价格下降，利润锐减，如果坚持单元化，则限制了企业的发展规模和速度，企业经常会有发展越来越难的感觉。另外，一旦市场的消费取向发生改变，企业就得转型，相对于多元化经营的企业来说，这类企业转型要困难得多。

多元化经营可以避免企业风险。俗话说，船小好掉头。船大尽管不容易掉头，但也不容易沉没。企业经营的范围越广，它承受市场冲击的能力也越大。发展多元化经营的另外一个好处是可以大量培养各方面的人才，有利于企业的成长。这种扩张方式的弊病主要是需要大规模的资金。摊子铺得大，难免资金紧张，一旦周转不灵，企业就会陷入困境。同时，企业触角伸得越远，它面临的未知领域也越多，企业陷入盲点的可能性也越大。有鉴于此，许多大的企业集团普遍采取一业为主，多方经营的方式。韩国的现代集团坚持的就是这种经营理念。

现代集团是韩国最大的垄断集团之一，它是创始人郑周永从无到有，一点一滴建立起来的。1937年，郑周永用辛苦打工积蓄的钱独资开办了一家粮食店，生意尚好，但由于日本殖民者实行粮米控制，他的粮食店只好宣布关门。后来，郑周永买下一家汽车修配厂，这成为他发迹的基础。20世纪50年代初，朝鲜战争爆发，美军的军用汽车需要修理，郑周永的汽车修理厂大赚了一笔。1958年，韩国政府宣布修建汉江人行桥，现代集团一举夺标。

如果现代集团的决策者只满足在建筑界打拼，现代可能不会有今天的规模，因为韩国的国内市场狭小，而海外市场又因为有中国等国家的建筑企业竞争，利润逐渐减少。郑周永认为建筑业只有承包到工程才有生命力，否则，企业就有生存不下去的危险。为了进一步拓展企业的生存空间，现代集团在建筑业还非常景气的时候，就准备进军其他领域。

造船业成为现代集团的突破口。造船业是技术密集与劳动密集相结合的产业，当时日本的造船业几乎形成了对世界造船业的垄断。郑周永在一无资本，二无技术的条件下，在韩国兴建了具有世界水平的造船厂。郑周永首先向日本的金融集团借钱，对其他国家有强烈戒心的日本人害怕韩国造船业兴起，拒绝了郑周永。后来，现代集团得到了英国金融集团的支持，但现代集团必须接别人的造船订单。郑周永以低于世界价格16%的标准，为希腊的船王奥纳西斯造了两艘26万吨级的船舶。

郑周永一边建造船厂，一边搞设计。这家船厂仅仅用了两年时间就建成了。与此同时，两艘巨轮也随之下水。

20 世纪 70 年代，世界航运业开始走向低迷。现代为了开辟新领域，又走向汽车业。郑周永认为汽车将是个有前途的行业，早在 1968 年就创建了现代汽车企业，但当时还不能生产汽车，只能对元件进行加工装配。到 1986 年，现代汽车已经成为韩国最大的汽车制造商，每年的生产能力达到轿车 416000 台、大客车 4000 台、卡车 20000 台。在国内有 160 个销售点，在国外有 443 个销售点，即使在有"汽车王国"之称的美国，现代汽车也早已经成为美国国内汽车的强有力竞争者。

从任天堂和现代集团的绝对利润来看，任天堂的投资方法略胜一筹，它的营业利润远远大于现代集团；从企业的知名度和抵御市场风险的能力来看，现代集团根基更显稳固。

由此可以看出，企业的扩张方式其实不是一件重要的事情，关键是要根据市场的变化，作出正确的判断，形成正确的想法，然后采取果断的行动。无论是任天堂还是现代，都是成功的典范。

避免掉进合资陷阱

美孚石油公司创始人洛克菲勒曾说："坚强有力的同伴是事业成功的基石，不论哪种行业，你的伙伴既可把事业推向更高峰，也可能导致集团的分裂。"

2007 年 1 月 7 日，中央电视台《焦点访谈》栏目有这样一篇报道："德国 FAG 轴承公司与西北轴承股份有限公司组建合资企业——富安捷铁路轴承有限公司。通过合资—控股—独资的'三步走'策略，该合资公司的技术、品牌、市场最终全部被德方控制。"

西北轴承股份有限公司地处宁夏银川市，是一家大型国有骨干企业，也是铁道部批准生产铁路轴承的厂家之一，年生产铁路轴承能力为新制 20 万套，全年现金收入近两亿元，占西轴当时全年现金收入的 40% 以上，产品占全国铁路轴承市场的 25%，在行业内具有举足轻重的地位。

FAG 公司是世界第三大轴承公司，也是德国最大的轴承公司。过去 20 多年来，FAG 公司一直直接或间接参与中国铁路轴承的研究开发工作。

受资金困扰的西轴与正在中国寻找最佳合作伙伴的 FAG 公司接上了头，"借助于 FAG 的先进技术、科学管理和知名品牌，嫁接于西轴的精华部分——铁路轴承，让它发展壮大，带动西轴跻身于全国乃至世界轴承行业前列"成为双方合资的初衷。但是，在谈判中，德方的条件相当苛刻。西北轴承集团有限责任公司总经理李福清说，德方提出必须要最好的产品，最好的市场，包袱都甩给中方，还必须控股，董事长、总经理要由德方担任，中方只能配副职。2001 年，本着"市场换技术"的意图，西北轴承与德国 FAG 公司合资，合资公司中，中方占股份 49%，德方占 51%。中方以土地、厂房、设备、品牌、市场及生产资质入股，德方出资 852 万欧元。

合资公司投入运转，但人们很快就发现，FAG 公司前两年并没有进行技术改造和有效管理，同时还架空了中方管理人员。自从合资以后，西轴未尝到一丝甜头，却不断吞咽苦果：连续两年亏损千万元以上。按合资比例，西轴仅合并财务报表便合并亏损 1000 余万元。2005 年 5 月，合资公司聘用的职工劳动合同期满，裁员 250 人。西轴接收了全部原西轴股份公司员工身份的裁员。

连续两年亏损后，中方没有资金继续增加投资。这时，德方立即出资买下中方原来的 49% 的股份，合资公司变成独资公司。改成独资后，富安捷公司的产品迅速通过了美国和英国认证，开发了国际市场，生产检验技术得到提升，原来的亏损也变成了赢利。中方则丧失了品牌、市场、生产资质等多年打拼的成果。

据了解，像西北轴承这样的情况在全国并不鲜见，这种方式在有些地方已经成了外商吞并中资公司的一种套路。

第六章

保证企业发展的战略管理

完成"不可能"的目标

有时，当你朝着那些看似不可能完成的目标不懈努力时，往往会如愿以偿。也许，你最后没有完成这一目标，但也会发现，最终的结果比你预想的要好得多。

韦尔奇有一个习惯，当下属向他汇报下一年度工作指标的时候，他会告诉对方：把你的目标乘以2，然后去做吧！

完成"不可能"的目标，对企业而言是极具深远意义的。它将促使员工更加努力工作，公司更加卓尔不凡。从福特汽车公司的事例中就能清楚地看到这点。

亨利·福特为了使汽车具有更好的性能，决定要生产一种有8只汽缸的引擎。这在当时几乎是不可能的。但是，亨利·福特却决心要工程师们完成这个"不可能"的目标。不管设计师们以怎样的理由反对，亨利·福特坚持说："无论如何也要生产这种引擎，去做，直到你们成功为止，不管需要多长时间。"在这一不可能的目标的激励下，全体员工只能将全部智慧和精力投入到了8缸引擎的研发中去。一年过去了，工程师告诉亨利·福特："还有很多关键的问题没有解决。"亨利·福特仍然坚持说："继续去做，我们一定要制造出这种引擎，这是我们的目标。"最终，工程师们找到了诀窍，成功地制造出了8缸引擎。

福特汽车公司的员工们在这种不断追求高目标的过程中，形成了一种不断进取、克服困难的精神。正如摩托罗拉创始人高尔文所说："有时我们必须凭信念来采取行动，这种信念就是，一些重要的事情虽然不可证实，却可以做到。"

人的潜能是无比巨大的。有时候人们自己也不知道自己到底拥有多大的潜能，能实现多高的目标。所以，只有当人们去完成那种"不可能"的目标时，他们的潜能才能被充分发挥出来。而这个"不可能"的目标，通常也会被完成。因此，作为领导者，应该制定卓越的目标来挖掘员工最大的潜能，以实现公司业绩的迅速增长。

当然，有些"不可能"的目标，的确很难完成。但是，就算目标没有完成，领导者也应该看到，结果比以往低目标时要好得多，而且员工也在完成这一目标的过程中学到了很多很有用的东西，自身能力得到了很大的提升。所以，公司衡量员工的标准，不应该只看结果，而应该与上一次的成绩相比较，看在排除环境变量的情况下是否有明显的进步。当员工遭受挫败时，领导者应以肯定的态度来鼓励他们，而不是因目标未完成而惩罚他们。否则，员工就会失去积极性，高目标激励也就没有任何意义了。要记住，领导者制定"不可能"的目标，只是一种激励手段，而非考核的标准。

处理好发展与循序渐进的关系

在企业的发展过程中，有很多的资源是可以巧妙地组合在一起的。适当的组合，不仅能为企业的发展拓宽道路，还能夯实企业的根基。

跨越发展是许多公司梦寐以求的，也被很多公司作为战略指导思想载入公司规划中。跨越发展具有很多优点，其根本意义在于，借助跨越发展可以摆脱困境，在"重新洗牌"中，获得竞争优势地位。因此，在有新的技术、产业和市场机会的条件下，公司要争取抓住机遇，实现跨越，但同时也应注意到，跨越是有条件的。

跨越不仅对公司技术能力的把握和控制新市场的能力提出了较高的要

求，而且往往需要广泛的配套条件的支持。公司需要审时度势，一方面紧盯事态变化，及时跨越而不要落伍；另一方面，又要从当前着手，循序渐进，改进现有产品，进行技术积累，为跨越做好准备。

发展中期需注意的"六个盲目"

在企业发展的中期，企业资本已形成初步规模，拥有了足够的资金周转实力，这时的企业已经具备了小规模的融资能力，同时也形成了初步稳定的产品生产和销售体系，年销售额有一定的规模且比较稳定，企业组织也从最初的混沌状态走出来，形成了以总经理为管理和业务中心的业务组织层。

在这种情况下，企业应注意克服"六个盲目"。

1.决策盲目自信

企业没有健全的规章制度，没有严格的纪律，再加上员工数量少，就极有可能出现总经理大权独揽，盲目相信自己的判断，听不进别人的意见，在评价公司的市场地位时出现偏差也不愿承认的现象，这种情况导致决策缺乏足够的正确依据。这就可能出现总经理信息不灵、问题考虑不周到，常会因为一些微不足道的细节导致决策失误，使公司蒙受损失等现象；还会导致挫伤员工的热情，总经理与员工关系疏远，公司很难团结为一个整体，效率低下等后果。不仅如此，这一阶段总经理往往把功劳全记在自己头上，忽略了全体员工的努力，唯我独尊，许多合理化建议被压在箱底，不被采纳。

一个人的时间和精力是有限的，全面掌握管理企业的各种知识是不可能的。老板擅长的领域也只能局限在有限的几个方面，只有充分发挥员工的特长，真正授权员工，才能弥补老板在经验、技术等方面的不足。

这样做，一方面使老板节省精力和时间，专心于企业大计方针的考虑，避免盲目决策；另一方面，使员工认为自己有价值，工作有满足感，并将其转化为工作积极性，促进生产，避免盲目工作。

2.市场战略盲目

市场竞争激烈，许多刚创业的公司初入市场就会发现对手林立，不仅面临着大公司的排挤，还要和其他小公司抗争。大公司在人才、资金、技术和设备上都占优势，若与之硬拼硬碰，只会是鸡蛋碰石头，头破血流；与其他小企业竞争，则又是两虎相争，必有一伤。

有些企业经营者在创业时抱着"那个行业那么挣钱，我也去干"的想法，盲目跟着别人走，选择经营方向不慎重，市场定位不准确，匆忙上阵，以致屡屡受挫。

3.投资盲目分散

小有成就的经营者还有一种通病，以为自己是万能的，不愿意在一棵树上吊死，总想在别的行业里也大显身手。殊不知，无论你如何聪明能干，步入一个新行业的时候，必定要重新学习，重新吸取新的知识和技巧，重新培养新的供应商和客户关系，这些都需要很多的时间和精力，以及大量的人力物力，特别是需要投入一定的资金。因此，投资要专一，忌盲目分散；否则，就有可能竹篮打水一场空，使原有的事业受损，新的项目也有可能得不到任何收益。

4.产品盲目开发

企业的延续与其产品的生命力紧密相关。企业要在夹缝中求生存，只有选择适合自己特点而其他公司不愿涉足的那些领域，扬长避短，填空补缺，走边缘，走与众不同的路，集中力量专门开发生产非标准化、非通用化、市场规模小、大公司认为无利可图的产品，才可能取得成绩，巩固市场地位，确定企业在这一领域的优势，形成自己别具一格的拳头产品。切忌盲目开发产品。

如果企业经营者不了解产品是不是可靠，是不是方便实用，有无独特之处，是否价廉物美，那么公司产品就很难与其他产品竞争，也往往会因需求太少、市场小而影响产品开发和公司经营。

5. 技术盲目利用

企业在利用技术的决策中，考虑到缺资金、缺人才、缺设备等原因，通常会避难求易。而容易的技术领域往往会吸引大量的公司，使得公司长期陷入激烈的竞争中，难以保住不败地位。因此，企业在技术利用上选择有一定难度的也未尝不可。

有些企业经营者只顾眼前利益，缺乏对未来市场的预测，抱着"捞一笔是一笔"的心态，不慎重分析技术的长远性，很可能会没过多长时间，产品就被淘汰了，技术利用价值不高；还有些企业仅考虑现在的市场竞争程度，不注意潜在的竞争，这也长久不了。

6. 经营盲目掉头

在市场上，有不少这样的例子。有些公司在决策、经营和生产上出现失利后，对情况不加分析，生怕越陷越深，赶忙掉头从事其他的生产经营，重打鼓另开张。可是掉头不久，却发现原先从事的行业现在的情况好得不得了；或者自己掉头后从事的生产经营同样亏损。这时候，经营者就开始后悔起来，怪自己当初不该鲁莽，盲目掉头。

企业要超速发展，绝不能朝三暮四。在产品滞销时，经营者就要分析，是产品不适销对路，还是产品质量低劣；是知名度低，牌子还没有打出去，还是这类产品因功用问题而无人问津。总之，不要轻易地转产，遇到什么问题就解决什么问题。在这一阶段，企业规模小，经不起风浪，决定是否掉头时要三思而后行。总经理作为企业的主要决策人，必须慎而又慎，审时度势，不为表面现象所诱惑，要经过仔细调查研究之后，再决定是否掉头，以保证企业和员工的利益。

在这一阶段中，企业经营者应该明白经营决策在经营管理中的重要地位。企业做强做大做优的欲望是否能够达到，经营的成败，往往都取决于其决策的正确与否。决策正确，企业就能欣欣向荣；决策失误，企业就可能落得"棋错一着，满盘皆输"的结局。

第七章

高端产品的质量管理

树立高标准的产品质量观

产品质量是指产品适合一定用途、满足消费者需要所具备的特性，即产品的使用功能。质量是消费者最关心的问题，也是产品在竞争之中能否站稳脚跟的关键因素。企业管理者要善于发现产品的不足。贺曼公司针对欧洲市场实施的贺卡策略就是一个典型例子。

就美国市场上的贺卡而言，商家早已在贺卡上印好了种种贺词。贺曼公司早期进入欧洲市场时，也如同在美国市场一样，在贺卡上印好各种贺词，结果很不受欢迎，销量很低，这让贺曼总裁感到十分不解。于是，他决定去商店里近距离接触顾客。很快他就发现，欧洲人喜欢自己在贺卡上亲手写下祝贺的话语，以表示对别人的尊重和亲近。

为此，贺曼公司特意在贺卡上留下一片空白之处，以便消费者自己填写祝福之词，此举极为迎合欧洲人在特定节假日和场合互送贺卡的习俗。

发现自己产品的不足，从而调整自己的产品策略，完善产品，使其与市场需求高度契合。正是如此，贺曼成功打开了欧洲市场。

在福建有一个影像器材企业，成立于2004年，主要从事各类摄像机头灯、新闻采访灯，特别是LED灯的开发和设计。虽然真正从事广电行业也不过几年的时间，但是相比较那些已经从事广电行业十几年的企业而言，该企业的发展速度却是不容小觑。该企业的产品在国内已经站稳脚跟，并出口到欧美市场。

能够在短短几年的时间获得迅猛发展，得益于该公司老板朱先生曾经的摄影师经历。在没开公司前，他自己本身就是摄影师，对摄影、摄像时所需要的光照度、色温等都非常了解。过去他自己买或者使用器材时，总会发现产品有些大大小小的不足之处，因此他知道用户到底需要何种产品。虽然该公司产品在技术上的优势还不够，但朱先生丰富的实践经验，就是其优势所在。缘于此，该公司在短短几年之内就取得了骄人业绩。在善于发现产品不足，改进产品方面，微软公司可谓佼佼者。

1999 年，为了改进自己产品的安全性能，微软在自己的防火墙外增设了安全性能更高的互联网信息服务器（IIS）和一台运行最新 p 版 Windows 2000 操作系统，并公开向电脑黑客们发起了挑战，邀请他们前来设法取得微软放置在这台服务器中的用户账号和目标文件。微软表示这样做的目的是通过公开测试以帮助自己研发出最安全的操作系统。

2007 年，微软又宣称将对 Vista 内嵌的运行方式和搜索产品进行更改。这些更改将随着 Vista 的第一个升级包发布。微软之所以这么做，很大程度上是受 2002 年 Google 控告微软违反《反托拉斯法》的影响。更改后的 Vista，用户可以像选择自己喜欢的多媒体播放软件、Web 浏览器以及安全程序一样选择自己喜欢的搜索程序。

更改后的 Vista 同时保留了微软的 Vista 搜索对控制面板以及开始菜单的搜索能力，而且微软的搜索将是 Vista 的默认搜索产品，不过用户可以按照不同的需求来把它换成第三方的产品。微软还会为开发人员提供一些有用的信息，以方便他们去优化第三方的搜索产品。有人评价微软的这种做法，表面上看是为了规避法律风险，其实是使 Vista 因为具有更大的自由度和灵活性而日趋完美，从而赢得用户的选择、信赖和好评。

发现产品质量问题是企业成长的第一步，未雨绸缪才是成就百年品牌的成功之道。假如企业不会发现问题，那么它的发展就永远只能原地踏步，不会有任何提高。很多企业经营不善而出现巨大的亏损，最后走向破产，就是因为不能及时地发现产品本身的问题。所以，作为一个企业的管理者，要乐于发现产品的不足，并善于利用质量定位的方法来管理产品质量。而质量定位的关键是树立高标准的质量观念。企业要以质量优势来定位产品，必须清楚了解目标顾客的需求以及他们是怎样评价产品质量的。通过市场调查，不断倾听顾客意见，企业可以系统地了解顾客的需求和看法，进而发现提高质量的途径。

不被超越的法宝是精益求精

劳斯莱斯是全球知名的汽车品牌，更代表了一种汽车文化。汽车市场竞争激烈，劳斯莱斯面临诸多强大的对手，如通用、福特和宝马等。为了能在竞争中脱颖而出，劳斯莱斯塑造了个性化的品牌文化。劳斯莱斯培训员工不是以制造冷冰冰的机器的观点进行工作，而是以人类高尚的道德情操和艺术家的热情去雕琢劳斯莱斯轿车的每一个零件，每一道工序制作出来的东西都是有血有肉的艺术极品。所以，劳斯莱斯不仅是品牌汽车，而且代表更高的艺术品位。

劳斯莱斯的品牌标志——"飞翔的女神"，也很独特，它集中体现了劳斯莱斯个性化的品牌文化意蕴：她是一位优雅的飞翔女神，她代表人类的崇高理想，代表人类生活的快乐之魂，代表高贵与财富，她将道路旅行视为卓尔不凡的享受。因此，她降临在劳斯莱斯车的车首上，整个世界都能听到她振翅的动听声音。劳斯莱斯历经百年不变的"飞翔的女神"和汽车徽标的文化品位，完整地体现了劳斯莱斯公司和劳斯莱斯轿车的独特品牌文化内涵和精髓，因此更吸引人，更具有激情，更能打动人心。

至今，人们只要看见那"飞翔的女神"，马上就会联想到雍容华贵的车中极品——劳斯莱斯轿车。同样，当人们驾驶劳斯莱斯轿车行驶在道路上时，更相信这"飞翔的女神"一定会增加他们的荣誉感，给他们带来好运道、好福气。劳斯莱斯已经不仅仅是代步工具了，对渴望成功的有志之士而言，劳斯莱斯轿车更能激发他们追求理想的动力。可以这么说，劳斯莱斯这种个性化品牌文化使得世界上每一辆劳斯莱斯轿车都有一个关于成功人士的传奇故事，都成为了文化的旗帜和跳动着的艺术的音符。

1904年，劳斯莱斯汽车正式问世，它的制造者是英国的一位名叫亨利·劳斯的男子。当时，有很多人都说，劳斯是个技术狂，这一点也不假。因为他在制造每一辆车时，都如同是在创作一件美术品。即使是小到一颗螺丝，他也会亲自精雕细刻。对于车身底盘和引擎，他还可以根据订货人的爱好，选择制造方式。

这种精益求精的结果是，每一辆劳斯莱斯汽车都具有坚固、耐用、无故障，几乎听不到噪音，觉不出晃动的特点。无论哪一个型号的劳斯莱斯，以每小时100千米的速度行驶时，放在水箱上的银币可以长时间不被颤动下来。当你坐在车子里时，你听不到马达声，只听得到车内钟表上的分针、秒针的轻微移动声。因此，这种车被公认为是世界上最优良的汽车，拥有它的人都会感到自豪和荣耀。

在英国皇家汽车俱乐部监督下的苏格兰汽车性能评审会上，经过从伦敦到格拉斯哥之间1.5万英里的路程测试，劳斯莱斯以领先3天时间获胜。经过评审，它的零件损耗费仅为3.7英镑，轮胎磨损及汽油的消耗平均1英里大约4便士。劳斯莱斯的名声早在第一次世界大战之前就响彻世界。

企业要想获得成功，不是干过多少事，而是干成多少事，尤其是在哪几件事上做得极其出色。企业只有极其出色，才具有竞争力。

精益求精成就企业核心竞争力。核心竞争力是指企业内含的核心能力在企业竞争中的具体体现。在现实生活中，核心竞争力已被广泛地看作企业获取持续竞争优势的基础。劳斯莱斯的成功在于它"精益求精"的理念，这种理念就是企业的核心竞争力。要想不被超越，唯有精益求精。

追求完美要永无止境

产品质量是企业的生命。企业的领导者是产品质量工作的第一负责人。企业要想在激烈的竞争中基业长青，就必须建立运转有效的，从产品设计到售后服务全过程的质量保证体系，以完美要求自己，打造完美产品。

长沙市某厨具有限公司是一家集研发、生产、销售与服务于一体的专业厨具公司，其产品深受广大消费者的追捧和赞赏。它专业生产陶瓷合金无油烟超硬不粘锅、不锈钢系列等厨具产品，在国内外同类产品中占有领先地位，同时也引发了新的厨房革命，倡导无油烟、健康、环保的厨房潮流。

该公司无烟锅成功的秘诀就在于，项目经理刘先生对无烟锅的质量非常重视。随着业务量不断增多，刘先生始终没放弃对质量的把关，相反，他对无烟锅的质量管理更加细致入微和严格。每次产品进入包装盒之前，他都与质检人员一起进行质量检查。有一次，在进厂例行检查时，他发现有一口无烟锅的锅底磨得太平了，于是马上召集全体技术人员开了一个小会。

在会上，他捧出那口无烟锅对大家说："其实，如果把这口无烟锅放到包装盒里，完全可以卖出去，它只不过是底部磨得平一点而已，但锅身处理得相当好。可是，我要把它拿出来作为不合格产品。以后，类似产品一律不准出厂，也不准回炉利用。因为我们的无烟锅应该是最完美无缺的产品。"他的话一讲完，大家都鼓掌表示赞同。

后来，刘先生还把每一个不合格产品都挂在厂门口的墙壁上，并且注明生产日期，是谁生产的、用哪台机器操作出来的。慢慢地，出厂的无烟锅质量合格率几乎达到了100%。

英国戴森电器公司的产品是常见的吸尘器、洗衣机、干手器等家用电器，它的产品在全球44个国家获得了成功。在很多人看来，在家电这个成熟的行业里，产品研发的分量似乎没有那么重，企业更多的是靠成本优势和规模取胜。但是戴森公司主要依靠创新，把产品的好用、易用和耐用性都推向了极致。

戴森电器公司的总裁说："我们希望我们所生产的产品不同于现有的其他产品，一定要比别人做得更好，所以我们进行新产品开发时，要确保产品的高品质和可靠性，耐久、耐用。"实际上，做到这一点其实是非常不容易的，因为所有的产品都是5年保修期，所以产品的可靠性非常重要。戴森公司的几百名工程师每个月用3万个小时来测试产品，以确保其性能可靠。戴森的测试项目包括方方面面，例如碰击实验。一个健壮的成人站在已经安装好的干手器上拿大铁锤来砸等，目的就是要保证它在20年中都保持稳固。

戴森电器公司的总裁经常说："失败是相当有用的，因为从失败中可以寻找完善产品的灵感。"除了实验室测试，戴森电器公司还用很多其他方法来完善产品。比如，公司组建一个非正式小组，小组成员每周都会在公司里找一个舒服的位置坐下来，观看另一些人使用新产品。他们的任务就是发现新产品在使用过程中是否有令人不舒服的地方。同时，公司员工也在努力扮演一个"消费者之声"的角色，努力地达到消费者使用产品的高满意度。他们会尽力理解消费者怎样看待他们的产品，以及又会有什么样的使用体验。这样做就需要反复寻找产品的失误之处。

在公司的服务网站上和热线电话中，戴森电器公司会鼓励消费者提意见。他们非常注重消费者的体验，重视他们的反馈意见，做到不是市场牵着自己的产品走，而是自己要推出比别人好的产品。另外，戴森电器公司还会在全球不同的市场上做调研，公司员工都会在周末去店里或者消费者家里，听取他们的意见。仍以干手器为例，公司在安装每一台干手器的时候，都会附上一张卡片，上面有公司的电话和地址，因为他们期待客户能把他们的体验告诉自己。

没有最好，只有更好，追求完美永无止境。打造著名品牌，奉献完美产品，是企业永恒的追求。

只有无止境地追求完美，才会使企业不断学习、不断奋进和不断拼搏。而有追求才能有收获——对于企业管理者而言，更需要有一颗追求完美之心。只有拥有了追求完美的坚定信念，才会做到今天比昨天好，明天比今天好。

以质量取胜，才能将投诉降为零

被誉为"零缺陷之父"和"伟大的管理思想家"的菲利浦·克劳士比在20世纪60年代初提出"零缺陷"概念，并在美国推行"零缺陷运动"。后来，"零缺陷"的思想传至日本，在日本制造业中得到了全面推广，使日本制造业的产品质量得到迅速提高，并且领先于世界水平，继而进一步扩大到工商业所有领域。

在我国，荣事达是成功实行"零缺陷管理"的典范。荣事达集团公司的最初形式是集体所有制小型企业，由新新机具厂转产家用洗衣机。20世纪80年代，经济体制改革启动，开始放开对轻工日用消费品生产和销售的计划管制，在政策的推动下，荣事达全面面向市场。

涉足市场不久，管理危机便接踵而来。最早暴露的问题是，在洗衣机实现流水线制造、达到批量生产时，产品质量不够稳定，质量管理显然滞后。因此，在荣事达生产家用洗衣机的早几年，经营相当艰难，连打两个品牌"佳净""百花"均没能在市场打响。

为了摆脱危机，在20世纪80年代后期，荣事达引进了日本三洋公司洗衣机生产技术，接着又与上海洗衣机厂实行联营，借"水仙"品牌抢占市场。这个时候他们已经认识到质量管理的重要性。在陈荣珍的带领下，荣事达管理层提出：质量管理的目标是"提供给消费者的产品必须是百分之百的合格品，要保证质量问题投诉率为零"。

据此目标，荣事达重新构建了质量管理体系，加大了质量管理的有效控制力度，健全了各项质量制度和操作手段，从而使企业的质量管理面貌焕然一新。企业产品质量的"零缺陷"，果然带来了产品销量的提高，标名"合肥制造"的"水仙牌"洗衣机赢得了消费者的特别青睐。

然而好景不长，1988—1989年，全国市场陡然发生全面疲软，刚刚火爆没几年的洗衣机市场顿时冷落下来。在新的危机形势下，荣事达人以抓质量管理的劲头大兴销售管理，较快地建立起以"零缺陷销售"和"零缺陷服务"为核心内容的销售及售后服务管理体系。最终，在这种服务管理体系的支撑下，荣事达再一次成功渡过发展危机。

这次危机促使荣事达管理层认真思考企业的管理体系。他们认识到，企业管理在全部企业活动中居于基础性工作的地位，一个健康发展的企业必须有一套健全的管理系统；在企业不断发展的历史进程中，应当打好企业管理这个基础，不能等事到临头之时才去应急补救。于是，荣事达下功夫建立健全企业管理体系，展开了一场脱胎换骨式的管理创新。

他们在已有的经验基础上，借鉴了国外的"零缺陷生产"管理方法，把"零缺陷生产"的精神和规范导入供应环节，形成了"零缺陷供应"管理；将"零缺陷"精神和要求注入销售过程，形成了"零缺陷销售"与售后"零缺陷服务"。最终使"零缺陷管理"形成了立体化、系统化管理体系。

荣事达的努力换来了丰硕成果：不仅市场业绩喜人，并于1996年顺利通过了国际通行的ISO9001国际质量管理体系认证。荣事达"零缺陷管理"在各项指标上均达到世界公认的先进水平。

"零缺陷质量管理"的背后透露的是企业管理者对顾客的承诺：不要让顾客对企业或产品有任何一丝一毫的怨言。企业要想兑现承诺，唯一的选择就是要保证产品"零缺陷"。

"零缺陷管理"能够确保企业产品质量的稳定性。把"零缺陷管理"的哲学观念贯彻到企业中，使每一个员工都能掌握它的实质，树立"不犯错误"的决心，并积极地向上级提出建议，有准备、有计划地付诸实施。实施"零缺陷管理"可采用以下步骤进行：

1.建立推行"零缺陷管理"的组织

事情的推行都需要组织的保证，通过建立组织，可以动员和组织全体职工积极地投入"零缺陷管理"，提高他们参与管理的自觉性；也可以对每一个人的合理化建议进行统计分析，不断进行经验的交流等。公司的最高管理者要亲自参与，表明决心，作出表率；要任命相应的领导人，建立相应的制度；要教育和训练员工。

2.确定"零缺陷管理"的目标

确定"零缺陷"小组（或个人）在一定时期内所要达到的具体目标，包括确定目标项目、评价标准和目标值。在实施过程中，采用各种形式，将小组完成任务的进展情况及时公布，注意心理影响。

3.进行绩效评价

小组确定的目标是否达到，要由小组自己评议，为此应明确小组的职责与权限。

4.建立相应的提案制度

直接工作人员对于不属于自己主观因素造成的错误原因，如设备、工具、图纸等问题，可向组长指出导致错误的原因并提出建议，也可附上与此有关的改进方案。组长要同提案人一起进行研究和处理。

5.建立表彰制度

"零缺陷管理"不是斥责错误者，而是表彰无缺点者；不是指出员工有多少缺点，而是告诉员工向无缺点的目标奋进。如此就增强了员工消除缺点的信心和责任感。

第八章

保障成本的采购管理

采购要从总成本考虑

很多时候，你会发现，你的采购价格已经足够低了，但采购成本却一直居高不下，为什么呢？

其实道理很简单，采购成本并不仅仅包括采购价格。在采购专业领域中，总成本包括采购价格、物流成本、采购费用以及因间接操作程序、检验、质量保证、设备维护、重复劳动、后续作业和其他相关工序所造成的成本的总和。成功的采购员不应只强调所采购物资的价格，而应重点关注采购行为的总成本。

某企业因工作需要紧急采购一辆汽车。通过询价比较后，在其他服务条款类似的情况下，供应商甲报价 20 万元，供应商乙报价 19.5 万元。从表面来看，企业自然应该选择供应商乙，因为同样品牌、同样配置、同样服务的汽车，自然是价低者胜。但企业最终选择了供应商甲。这是为什么呢？

采购员认为，按常理判断，在产品质量、售后服务等方面相同的情况下，自然应当选择价格最低的那家供应商。但是，供应商甲为本地经销商，供应商乙为外地经销商，且供应商乙并不提供车辆运送服务。如果选择供应商乙，从表面看节省了 5000 元，可是由于必须自己去提车，为此就要为这个选择多支付派出员工的正常工资、外出补助以及将车从外地开到本地所需的油费等一系列费用，还有因派出员工缺位而带来工作上的不便和车辆不能及时到位给工作带来的损失等，将这些全部加起来，并不是区区 5000 元所能解决的。所以，综合多方面因素后，采购员最终选择了供应商甲。

在经济学中，有一种成本叫"机会成本"，是指任何决策必须作出一定的选择，被舍弃掉的选项中的最高价值就是这个决策的机会成本。就像上述案例一样，如果采购员选择了供应商乙，由于提车所产生的出差补贴、油费等成本，就是这个决策所产生的机会成本。

因此，降低采购成本，就要树立正确的成本观念，不能只将采购成本的概念局限于购买价格以及招标、评标的费用。很多时候，还要借用全寿命周期成本概念，将整个使用寿命周期中为保证货物处于正常使用状态所付出的成本，如材料耗费和维修成本等都涵盖到采购成本的概念中来。

与其花1元买一支只能用两天的笔，还不如花5元买一支可以用上一个月的笔。很多时候，你会发现，在某些物资采购中，价格下降了，消耗却提升了，结果总成本不降反升。在这种情况下，可以尝试实行"效能计价"的招标方式。

所谓"效能计价"，其实包括两层含义：一是指在采购产品时既不追求价格越低越好，也不追求质量越高越好，而是要寻求质量与价格的最佳组合；二是在招标时只提出招标产品的使用条件和要求等，由投标方结合自己产品的性能、质量情况等，确定报价与使用寿命或单位消耗，并承诺承担相应的责任，如达不到承诺，将减扣货款，采购方在综合测算价格与使用寿命后选择效益最佳的投标产品。这样就将产品质量保证的责任与风险交给了投标方，既保证了采购价格的合理，促进了消耗的降低，又增强了供应单位的质量责任。

集中采购的"规模效应"

海尔集团实行四大集中采购策略，即大订单、大客户、大市场和大资源。光是通过对钢板、化工物料、电子零部件等大宗原材料实行集中采购，就为公司节省了20%至30%的成本。

一家大型房地产开发商，之前采购权分散到项目部甚至项目经理一级，因此每批的进货数量都不大。后来，在原材料价格不断上涨的压力之下，公司果断实行集中采购策略，然后根据各工程的需要统一调配，一年之内节约成本 4000 多万元。

很多时候，同样的供应商、同样的产品，不同的企业所得到的最终价格是不一样的，有些价格差异甚至达到了 20%。为什么会出现这样的情况？除了与供应商的关系、采购单位的议价能力外，采购规模绝对是影响价格的主要因素之一。比如，作为一家中小型的家电零售企业，其家电采购价格肯定要比国美、苏宁等高出许多，因为人家的采购量摆在那里，自然会得到厂家的更多实惠。

当然，要做到集中采购也不是一件容易的事，有时不是靠采购部一个部门就能完成的，而是需要多个部门联合行动。海尔不只生产洗衣机，还生产空调、电冰箱等，产品线很广。起初，由于各个产品的生产工艺不一样，不同的产品生产事业部都是各自采购，相互之间并没有什么联系。后来，为了降低采购成本，海尔集团决定对于一些不同产品共用的零部件实行集中采购，比如电缆。众多产品都需要用到，海尔就组织采购部门和产品设计部门通力合作，对空调、洗衣机、电冰箱等产品所用的电缆进行了统一的设计，能够标准化的标准化，能使用通用部件的尽量使用通用部件。通过这些措施，海尔集团所采购的电缆由原来的几百种减少为十几种。采购产品种类减少，从而顺理成章地实现了集中采购。

可能你会说，人家海尔是一个大型企业集团，其采购规模自然比较大。而我们作为中小企业，哪有那么大的采购规模啊？的确，在采购价格问题上，中小企业确实处于被动的地位，一家中小企业一年的采购量可能还不到海尔的百分之一。但这并不意味着中小企业在控制采购成本上就无路可走。你听说过"团购"吗？比如买房、买车，单个消费者与开发商、汽车销售商谈判通常是处于劣势，无法享受到满意的价格优惠。于是，一些消费者就自主联合起来，以团购的方式去交易谈判，从而享受到更多的实惠。同样，企业之间的联合采购也不失为一种降低成本的方法。中小企业如果在原材料采购上联合起来，就可以增强防范风险的能力。一来多家企业联合采购，集小订单成大订单，能够增强集体的谈判实力，获取采购规模优势；二来联合采购的对象是原材料生产企业，这样可以摆脱代理商的转手成本，通过直接与制造商交易，减少中间环节，大大降低流通成本。

事实上，集中采购不仅能享受到更为优惠的采购价格，而且对于采购管理费用的降低也是大有影响的。根据不完全统计，集中采购的费用支出可以比分散采购节约 10% 以上。

反拍卖技术

你听说过"RAT"吗？即使没有，总听说过拍卖吧？其最基本的道理就是"价高者得"。而"RAT"则恰恰相反，是"价低者得"。

2000 年 9 月 18 日，美国联合技术公司在中国进行采购。采购标的为 1985 万美元加 5% 的幅度的铸铁件，其中包括箱体、底座、盖、管等 30 种零部件，96 种规格。通过应用反拍卖采购技术，最终采购以 1251 万美元完成，节约采购成本 734 万美元，节约率达 37%，相当于中国企业要多销售 14700 万美元的产品。这就是"RAT"在中国的第一次实践。

2002 年 1 月 23 日，北京医药集团紫竹药业公司与北京经伟同盛公司合作，在网上对 1000 万套药品包装盒进行反拍卖采购取得了成功，为紫竹药业的企业管理信息化掘出了第一桶金：一次性从 207 万元的采购额中节约出 87 万元资金。

所谓"RAT"，全称为"Reverse Auction Technology"，即"反拍卖技术"。它是一种在采购方法上具有革命性和划时代意义的技术。该技术通过应用互联网，很好地改变了过去采购过程中因信息的不充分、不对称、不透明而带来的种种问题，可以最大限度地帮助采购者充分发现卖主，并通过引发卖主之间的激烈竞争，有效地发现卖方的成本区间，同时有力地变革采购流程，减少采购中的腐败行为，让采购的决策真正回到决策层手中。

反拍卖采购技术的核心是通过"逆向拍卖"的方式进行物资采购，其主要原理是利用网络技术、数据库技术，结合采购竞价业务流程，提供网上适时交互、动态高效的竞价环境。

反拍卖与拍卖具有很多相同之处，但又有区别。二者都是一种一对多的商务过程，都是一种价格激烈竞争的过程。不同的是，拍卖是为卖方销售服务的，反拍卖是为买方采购服务的；拍卖是逐级向上竞价，反拍卖是逐级向下竞价；拍卖是最高价成交，反拍卖是最低价成交；拍卖是卖方主动，买方竞争，反拍卖则是买方主动，卖方竞争。

根据美国等西方国家使用 RAT 技术的企业的统计情况，使用该技术后可为采购企业节约 18% 的采购成本，最高达 48%。目前，通用汽车、通用电气、IBM、联合技术、微软等知名企业都广泛使用 RAT 技术进行采购。

找到原材料的替代品

目前，空调产业广泛使用铜铝复合管，节铜率高达 80% 以上，每使用 1 吨的铜铝复合管可节约 850 千克的铜，每台空调因此降低成本 120 ~ 150 元，同时能效比提高 5%。要知道，随着原材料和劳动力成本的不断上涨，在使用这种替代材料前，生产一台空调的利润甚至还不到 100 元。

原材料价格的不断上涨，使得原材料成本在销售额中所占比例越来高。在原有原材料成本无法压缩的情况下，在确保产品质量不降低的前提下，选择价格较低的替代性原材料也是降低成本的有效途径。现在，使用替代材料已经是包括家电业在内的很多生产制造业应对钢铁、有色金属涨价的重要手段之一，比如滚筒洗衣机外壳大量采用冷轧板磷化喷粉，双筒洗衣机流行全塑机型，微波炉炉腔用冷轧板替代不锈钢板，部分电冰箱背板采用其他材料替代镀锌板等。另外，一些耗铜量较高的电子变压器、散热器、电缆、管道等行业也在开始寻找其他替代材料以降低生产成本。

替代材料不仅能减少成本，而且在某些情况下甚至还可以提高产品质量。例如，某光电组件生产商要为工人们提供一种可在装配线上使用的照明箱。如果用金属做，需花费30元。当公司转而用塑料箱时，只需花费6元，而且设备变得更轻了，使用和安装也更方便了。最重要的是，客户将其视为更好的产品。

开发替代材料，首先需要从技术上挖掘。技术人员不能只把精力放在研究企业未来新的经济增长点的产品上，也要投入精力从事现有产品的技术改进，因为它能马上给企业带来利益和显著效果。要知道，产品并不是性能越高越好，而是越适用越好，没有必要追求所有性能的高指标，造成高成本、高性能的浪费。

必须注意的是，开发替代材料不能只考虑到成本的降低，还必须充分考虑到替代材料对产品整体性能的影响。如果新的替代材料的使用是以牺牲产品整体质量为前提的话，即使成本节约得再多，也不能为企业带来经济效益，因为牺牲了产品质量就等于牺牲了市场、牺牲了客户。因此，开发替代材料应该是比照产品质量功能与成本的关系，进行科学细致的分析，从中求得质量功能与降低成本的统一，达到节约物质资源、降低产品成本的目的。

供应商不是越老越好

要让一个并不信服你的人听你的话，最好的方法是什么？恐怕就是抓住他的把柄，掌握他的命门了。

那好，反过来想想，如果一家企业的物资供应基本取决甚至完全取决于某一家供应商，那你的命门是不是就完全操纵在他的手中了？一旦他掌握了你的命门，一旦他以此为要挟要求涨价，你是不是基本无计可施？

这是不是一件很可怕的事？那么，赶紧把你的命门隐藏起来，千万不要做一个令人随意操纵的"傀儡"。其实，历史上许多的"傀儡"皇帝，都是因为他们的命门被手下的某个奸臣或某个利益集团所掌控了；而那些地位稳固、有所作为的皇帝，没有一个不是善于玩弄权术的好手，他们懂得平衡各个利益集团的权力，不会让哪个利益集团大权独揽。

回头看看，自己的企业有几家供应商？哪个供应商可能掌握了你的命门？下达命令，让采购部开发新的供应商，永不停止地开发。不要以为开发新供应商的成本巨大，采购部的费用是干吗用的，难道就是用来和那些现有的供应商天天坐着聊天喝茶的？没有竞争的采购成本才更为可怕。想想微软的操作系统价格为什么总是居高不下，想想那些垄断企业为什么每年总能获取高额利润，你就会明白了。

对于那些跨国公司，即使你的产品质量再好、你的价格再有优势、你的服务再完善，它们也不会把"宝"完全押在你的身上。它们宁可暂时多支出一些采购成本，也不会让你"大权独揽"；否则，一旦你的羽翼丰满了，它们不就任你宰割了吗？

要开发多少家供应商才合适？这没有一个具体的标准。一般来说，主要商品或材料，最少要有5家供应商；一般性商品或材料，起码也应有2家或2家以上的供应商。这种做法，其目的除了避免某家供应商大权独揽，掌握你的命门之外，也能让他们时刻保持竞争。

即使有了稳定的相互平衡、相互制约的供应商，你也不能完全放松，万一他们结成联盟怎么办？所以，不能停止开发新供应商的脚步，每年至少增加或更换一家供应商，对供应商重新洗牌，让他们时刻保持危机感，始终有竞争。供应商的开发与管理应该是动态的，比较理想的状态是采用"鲇鱼效应"，不断开发新的、更有威胁的供应商，让它像鲇鱼激活沙丁鱼一样，在供应商之间营造彼此竞争的氛围。福特汽车的采购经理把开发新供应商当成自己每年的常规工作。每次招标都要求有新面孔出现，主要商品、材料的供应商至少有3家，而且每年应至少再发展一家。这么做是为了营造供应商之间的竞争氛围，保证供货质量和降低成本。

第九章

保证流程运转的市场管理

第一永远跟其他位置不一样

为中国赢得第一枚奥运金牌的是许海峰，第二枚呢？不知道。

中国第一个登上太空的人是杨利伟，第二个呢？不知道。

世界上最高的山峰是珠穆朗玛峰，第二高呢？不知道。

为什么人们更多地只能记住第一，而记不住第二、第三、第四……？这就是人类的思维模式，也就是"第一"的力量。原因很简单，人们心目中只会认为第一才是真正好的。

第一代表着唯一，具有排他性。人类的思想里早就认同了"第一就是最好"的观念。要不然，为什么众多的武侠小说里总是有那么多人为了争天下第一拼个你死我活，为什么"宁为鸡头，不为凤尾"的观念总是影响着那么多求职者、创业者的选择。

消费者在购买商品时，总是会"货比三家"。这个"货比三家"究竟比的是什么呢？是在比谁家价格便宜吗？肯定不是，否则的话，什么东西便宜，什么东西就卖得好；是比谁的价格贵吗？也不是，贵的东西销量不一定大；那难道是在比质量吗？还是不是，各种各样的商品都有人买。这也不是，那也不是，那究竟是在比什么？

其实，比来比去，比的就是在自己现有条件下所能获得的最好的东西，也就是选择最适合自己的东西。你便宜，但可能品质还不足以满足我的要求；你品质好，可是价格太高了，我承受不起。消费者只会选择自己认为最好的商品，而不存在哪个消费者明明看到第一好，却去买第二好的商品。只是，这个第一好、第二好不是由企业或商品或价格说了算，而是由消费者说了算。

在这种"选择第一"的消费心理的影响下，最终只有第一能生存下去，即使你是第二，也仍然会被淘汰。可能你会觉得这是悖论，因为现实生活中那么多的第二、第三，甚至第九、第十不是照样好好地生存在市场上吗？

是的，没错，第二、第三等都能生存。不过，请首先理解这个"第一"的概念。这个第一不是指规模第一，不是指企业资产排行第一，而是指基于消费者的某种需求，在某个领域内成为真正的第一。

第一不是绝对的，没有哪家企业敢说自己在所有方面都是第一。消费者千差万别，没有哪家企业有这个实力在所有消费者的心中都排行第一。你的品质是第一，你的价格也是第一，但我没那么多钱，我宁可选择符合我支付条件的那个"第一"，比如性价比第一。正是由于消费者需求方面存在着差异，从而在任何一个行业都细分出了大量的子领域，没有任何一家企业有足够的资源使自己能够在所有的领域里面都成为第一。

所以说，第一是在一个特定的领域内，而不是在一个大而泛的领域内。各个不同的领域都有各自的第一。在一个特定的狭小的领域内成为第一，比在其他更为宽广的领域内成为第二要更容易获得成功。这就是我们所说的"唯有第一才能生存"。

即使在现有的领域内你无法成为第一，也不要灰心，你完全可以创造一个类别使自己成为第一。你可以在服务上创造第一，在时间上抢占第一，在附加价值上成为第一，在价格优势上成为第一，在创新速度上成为第一，在产品品质上成为第一，等等。

市场细分是制定营销战略的重要前提

企业要想吸引消费者购买产品或服务，就必须在市场细分的过程中充分认识到消费者需求的差异性，并据此制定营销战略。目标市场营销理论认为，对市场进行差异化细分是现代企业营销成功的关键。只有对市场进行差异化细分，并据此选择目标市场，才能最终确定市场营销组合计划。

菲利普·莫里斯公司于 1970 年买下了位于密尔沃基的米勒酿酒公司，并运用市场营销技巧，使米勒公司在 5 年后上升为啤酒行业市场占有率第二的公司。

原来的米勒公司在全美啤酒行业中排名第七，市场占有率仅为 4%，业绩平平。到 1983 年，菲利普·莫里斯公司经营下的米勒公司在全美啤酒市场的占有率达到 21%，仅次于第一位的安豪泽布施公司（市场占有率为 34%），这无疑是一个奇迹。

米勒公司之所以能创造奇迹，就在于菲利普·莫里斯公司在米勒公司运用了曾使"万宝路"香烟取得成功的营销技巧，即市场细分策略。它由研究消费者的需要和欲望开始，将市场进行细分后，找到机会最好的细分市场，针对这一细分市场作大量广告，进行促销。

米勒公司的实践，也使啤酒同行业者纠正了一个概念上的错误，即啤酒市场是同质市场，只要推出一种产品及一种包装，消费者的需求就可以得到满足。

现实的情况是，消费者的需求和欲望日趋差异化，他们对同质的啤酒不再感兴趣。而在吸引消费者的购买欲望方面，米勒公司无疑是这方面的先行者。

在并入菲利普·莫里斯公司之后，米勒公司采取的第一步行动，是将原有的唯一产品——"高生"牌啤酒重新定位，美其名曰"啤酒中的香槟"。这一举措吸引了许多不常饮用啤酒的妇女及高收入者。市场调研的结果表明，占 30% 的独饮者大约消耗酒销量的 80%。于是，米勒公司在广告中展示了石油钻井成功后两个人狂饮的镜头，还有年轻人在沙滩上冲刺后开怀畅饮的镜头，塑造了一个"精力充沛的形象"。广告强调"有空就喝米勒"的理念，从而使米勒公司成功占据啤酒豪饮者市场达 10 年之久。

米勒公司还通过发现消费者对啤酒量的需求差异寻找新的细分市场。怕身体发胖的妇女和年纪大的人觉得 12 盎司罐装啤酒的分量太多，一次喝不完，于是公司开发了一种 7 盎司的号称"小马力"的罐装啤酒，结果极为成功。

后来，米勒公司又成功地推出一款名叫"Lite"的低热量啤酒。自 1990 年以来，虽然也有不少厂商生产低热量啤酒，但他们把销售点放在节食上，宣传广告说它是一种节食者的饮料，销售效果很差，因为节食者中的大多数原本就不太爱喝啤酒。结果导致低热量啤酒被误认为是一种带娘娘腔的东西。米勒公司把"Lite"啤酒推销给那些真正的喝酒者，并强调这种啤酒喝多了也不会发胀。聘请著名运动员打广告，说少了三分之一热量的"Lite"啤酒，喝多了不觉得发胀；啤酒包装上使用男性雄伟的线条，使它看起来不是娘娘腔的东西而是真正的啤酒。低热量啤酒从此销路大开。

除此之外，针对啤酒的高消费群，米勒公司还推出高品质的超级王牌啤酒。与啤酒销量头号公司——安豪泽布施公司展开对攻战，虽然定价很高，但却获得了成功。米勒公司的成功还在于它向消费者灌输了这样一个概念：在特殊场合一定要用米勒超级王牌啤酒——"鲁文伯罗"招待好朋友。

米勒公司的成功就在于充分认识到了消费者需求的差异性，并在此基础上进行差异化市场细分。如果市场细分不能体现出消费者需求的差异性或多样性，例如把低热量啤酒的消费对象定位在节食者身上，就很可能会适得其反，针对某一细分市场的啤酒很可能并不受消费者欢迎。

市场细分这一概念最初是由美国市场营销学家温德尔·史密斯于 1956 年提出来的，它是现代企业营销观念的一大进步，是在新的市场态势下应运而生的，是现代社会消费者需求差异化和多样化的反映。

所谓市场细分，就是企业经营者通过营销调研，依据消费者的需求与欲望、购买行为和购买习惯等方面的明显的差异性，把某一产品的市场整体划分为若干个消费者群的市场分类过程。在这一过程中，每一个消费者群就是一个细分市场，或者说每一个细分市场都是由具有类似需求倾向的消费者构成的群体。

由此可见，分属不同细分市场的消费者对同一产品的需求与欲望存在着明显的差异，而属同一细分市场的消费者，他们的需求与欲望则极为相似，这就要求企业在进行市场细分时应充分考虑消费者需求的差异。

差异化市场细分能够帮助企业在充分认识消费者需求差异的基础上，选择适合企业自身条件的目标市场，使企业能在充分发挥资源优势的前提下，为顾客提供差异化的产品和服务。

专属概念的公众效应

提起沃尔沃，大家首先想到的是安全；提起奔驰，大家首先想到的是奢华感；提起沃尔玛，大家首先想到的是平价；那么，提起你的企业，你的品牌，大家首先想到的是什么？

成功的企业通常拥有一个专属概念，并且这个概念在消费者的头脑中形成了一种专属形象。这个专属概念就是你的产品或服务与竞争对手的最大区别，就是你的产品或服务在消费者头脑中最突出的特点。

很多企业总是喜欢尽全力挖掘产品的所有优点，并且把这些优点全部一股脑儿地灌输给消费者。优点越多，反而成了没有优点。你不可能每样都做得比竞争对手好。不切实际地承诺多个利益点，往往会使消费者觉得情感上受到欺骗，从而激起消费者对过多利益点承诺的一种深层次逆反心理。

为什么要传达专属概念？看电视时，你最厌烦的是什么？是广告，是无穷无尽的广告。在这个信息爆炸的社会，消费者的头脑已经很难再容纳多一点点的信息。想要你的信息给消费者留下印象，只有一个办法，那就是简单化，把你的信息削减到最简单，然后再传达给消费者。想想看，开着车在马路上行驶，路边有再大的广告牌，你能记住多少个字？

在广告界中，有一个非常著名的理论——USP理论（Unique Selling Proposition），即独特的销售主张，这是罗瑟·瑞夫斯在20世纪50年代根据达彼思公司的广告实践首次提出的。USP理论的基本要点包括三个方面：

（1）"说一个主张"，强调产品具有哪些具体的特殊功效和能够给消费者提供哪些实际利益。

（2）独特，这一主张必须是竞争对手做不到的或无法提供的，必须说出其独特之处，在品牌和说辞方面是独一无二的。

（3）强而有力，这一主张必须是消费者很关注的，必须集中在某一个点上，具有足够力量吸引、感动广大消费者，达到促使消费者购买的目的。

无论你的产品功能和作用机理多么复杂，也不管市场需求多么繁多，集中诉求一个概念或一个方面的长处，往往要比你同时诉求两个、三个，甚至四个概念或长处更有威力。企图在有限的时间内把自身的全部优点都介绍给消费者，其结果只能是广告资源的大量浪费；相反，持之以恒地宣传自身最突出的特点，放弃对其他优点的宣传，表面上看是浪费，实际上一旦这个优点给消费者留下深刻印象之后，就会在消费者头脑中产生一种专属概念，那样你将受益终身。沃尔沃在任何场合、任何广告中都一直在强调两个字——安全。于是，"安全"就成了沃尔沃在消费者头脑中的专属概念。

拥有了专属概念还能产生一种光环效应，消费者会自动赋予你其他概念。比如，你说你生产的汽车"安全"，消费者就会认为你的这种汽车设计一定很合理，产品质量过硬；你说你的产品是"最贵"的，消费者就会认为你的产品是最好的、最豪华的、最有价值的等等。

可能你的产品确实具有很多优点，若只强调某一优点则可能会失去关注另一优点的消费群体。即使这样也无妨，还是要遵循"专属"的法则，还是只能就一种产品向消费者传递一种专属概念。你大可以把其他优点通过其他产品来体现。比如，宝洁旗下有不同的洗发水产品，每一种产品都只有一个诉求点：海飞丝——有效去头屑及防止头屑再生；飘柔——洗发护发二合一，令你的头发飘逸柔顺；潘婷——含有维生素 B₅，兼含护发素，令你的头发健康，加倍亮泽；沙宣——由世界著名护发专家推荐，含有天然保湿因子，使头发润泽发亮。其实，这些不同的产品的配方和实际功效非常接近，但由于形成了各自的专属概念，作出了不同的利益承诺，从而满足了具有特定需求的各个层次的消费者。

多元化不仅是机遇也是陷阱

1989 年 8 月，从深圳大学毕业的史玉柱借了几千元开始了创业之路。他开发出一种名为 M-6401 的文字处理系统软件，在一家报纸上打了三期小广告后，当月就赚回了 4 万元。3 个月后，史玉柱赚到了第一个 100 万元，成为了百万富翁。1991 年，巨人公司成立。1995 年，史玉柱被《福布斯》列为中国内地富豪第 8 位。

当时，全国开始兴起房地产和生物保健品热。为了追随潮流，巨人公司提出了第二次创业的口号，开始迈向多元化经营之路。其中之一就是斥资 2.5 亿元在珠海修建了 72 层的巨人大厦。此外，服装实业部、化妆品实业部、供销实业部等十几个实业部宣布成立，并先后开发出服装、保健品、药品、软件等 30 多类产品，但最后大都不了了之。

一系列不成功的投资和巨资修建的大厦拖垮了"巨人"的资金链。1996 年，"巨人"的资金告急。1997 年，"巨人"已没有现金可用。"企业没有现金，像人没有血液一样，没法生存，一个礼拜之内，'巨人'迅速地垮了，并欠下了两亿元的债务，从休克到死亡，过程非常短。"史玉柱说。

在"抓住一切发展机会""东方不亮西方亮""做大必须多元发展"思想的误导下，中国的企业家很容易头脑发热，一做大就多元化，但往往三五年就完蛋。很多优秀的中国企业都或多或少地进行着多元化的努力，而它们的危机与衰亡也大都与多元化扩张战略有关。

机会是无穷的，但企业的资源是有限的，竞争也是白热化的，企业只有发挥最大的精力，形成核心竞争力才能立足。"不要将所有鸡蛋放在同一个篮子里"，这是经济学中关于投资的一条重要原则。由于在经济生活中存在各种各样的风险，每种投资方式都有利弊，人们就将资金分散投资在不同的领域，以获得最大效益。但是，这个理论仅仅适用于资本投资，经营类投资恰恰相反，要将所有的鸡蛋放在同一个篮子里，因为在某一领域有着深入的研究，比在各个领域都有浅薄的研究更能获得成功。

20世纪六七十年代，作为重要的经营战略之一，"多元化"曾被西方的大企业广泛采用，也出现过许多成功的案例。但是，多元化经营必须具备一些必要的前提条件。比如，只有当主业吸纳不了剩余的资本时，企业才有资格考虑多元化的问题。是否实行多元化，还要分析企业在进入一个新行业时有没有必要的技术、管理和销售能力，因为在不同的行业里这三个要素是不同的。同时，自20世纪80年代末期开始，世界范围内出现了企业回归主业、突出核心能力的趋势。

被誉为"常青树"的鲁冠球认为，万向集团长盛不衰的关键就在于紧紧咬住自己的主业，围绕汽车零部件做大做强，而不搞投机，不涉足这几年利润较高的房地产、汽车、建材、能源等领域，因为万向认为自己缺乏这方面的专业人才，投资的话超过了万向所具备的能力。

万向的发展证明了，企业首先应该着力于专业化。想要实行多元化，也应该在保证专业化的基础上，沿着与专业化相关的领域实行多元化。只有专业化，企业才可以集中最有效的资源，打造自己的核心竞争力，而没有核心竞争力的企业，必将被市场淘汰。

多元化是一把"双刃剑"。步子走准了，可培育增长点；步子走偏了，可形成出血点，甚至"追了一群麻雀，丢了一只母鸡"。雅虎当年发现了搜索这个"金矿"，第一个开发出了雅虎网站，也获得了巨大的成功，但是，雅虎没有满足于自己的成功，很快进行了多元化尝试，最终虽然开出了许多的宝藏，却漏掉了最宝贵的宝藏，让 Google 后来居上。

即使在做大做强之后，要想实现多元化，也不能盲目地选择所谓高利润的行业，而应选择关联性的产业，尽可能控制在"近亲"的范围之内。可以以主导产业为基础，两头延伸找出路，拉长产业链条；也可以寻找主导产业的"堂表兄弟"，去投资，去扩张，形成产业集群。

第十章
带来无形收入的宣传管理

先定位，再逐渐提升公司的知名度

准确的企业形象定位，决定着企业未来形象的塑造方向，同时也决定着企业未来的发展方向和目标。而企业的经营理念与价值观，则决定着企业形象的思想文化内涵。

1.定位于个性

个性张扬的定位方法主要指充分表现企业独特的信仰、精神、目标与价值观等。它不易被人模仿，是自我个性的具体表现。比如，美国IBM公司就是以"科学、进取、卓越"的独特定位来表现公司哲学的。

2.定位于优势

在这个"好酒也怕巷子深"的年代，企业要想在激烈的市场竞争中立于不败之地，除了利用人性的张扬之外，还必须扬其所长而避其所短，重视表现企业的优势。企业只有给公众留下这种优势性的印象，才能赢得公众的好感与信赖。比如，法国轩尼诗葡萄酒的宣传活动充分表现出轩尼诗"高贵气派"的形象定位，给消费者留下了深刻的印象。

3.定位于情感

这是企业通过对公众感性上、理性上、感性与理性相结合的引导来树立企业形象的定位方法。感性引导定位法主要是指企业对公众采取情感性的引导方法，向公众诉之以情，以求消费者能够和企业在情感上产生共鸣，进而获得理性上的共识。比如，"百事可乐，新一代的选择"，就是针对新崛起的年轻人而定的；海尔集团的"真诚到永远"则以打动人心的感情形象扎于公众心目中。

4. 定位于理性

展示客观、真实的企业优点或长处，让顾客自己作出判断进而获得理性上的共识。比如，艾维斯出租车公司的"我们仅是第二，我们更为卖力"，就表现出企业对公众的真诚和坦率；苹果公司那个被挖掉了一块的苹果，让公众清楚地知道企业仍然存在不足，并非完美，但他们会不断努力。这种理性的引导公众的定位更有利于培养起公众对企业的信任。

做好定位之后，我们就要开始重视公司的知名度。

知名度和美誉度反映了社会公众对一个组织的认知和赞许的程度，两者都是公共关系学所强调追求的目标。一个组织形象如何，取决于它的知名度和美誉度。管理者需要明确的是：只有不断提高知名度，才能不断提高组织的美誉度。知名度只有以美誉度为基础才能产生积极的效应。同时，美誉度只有以知名度为条件，才能充分显示其社会价值。由此可知，知名度和美誉度的关系是：只有知名度高，美誉度才能高。

知名度解决的是信息不对称的问题，衡量的是公司传播自身信息的宽度。知名度不涉及信息质量，也不太顾及信息的深度，只负责传播，只是将原来信息质量的绝对值在传播范围上予以扩大。换言之，知名度解决的只是使市场当中的潜在客户或其他相对人可以及时找到公司的问题。

美誉度体现的是信息质量问题，其内在依据是公司（或其产品）的品质，外在表现为对公司的社会评价。美誉度的核心目的是赢得信赖利益，即公司的品质和社会评价能够获得足够的信用，使更多的市场相对人（包括客户、顾客、供应商）为公司提供信赖利益。美誉度获得的信赖利益是公司获得现实的商业利益的直接来源和根本依据。

依据知名度和美誉度的高低组合，我们可以得知：

（1）高知名度，高美誉度。这是一种非常理想的状态，是每个公司都必须追求的境界。

（2）高知名度，低美誉度。也就是说，人人都知道它很差，即臭名昭著。这是一种最糟糕的状态。处在这一状态的公司，应尽量缩小知名度，从提高产品和服务质量入手，首先去提高美誉度，然后再去扩大知名度。

（3）低知名度，高美誉度。此类公司口碑很好，但知晓的人不多。应该以提高知名度为主攻方向，开展全方位的促销、营业推广、公共关系活动，因为"酒香也怕巷子深"。

（4）低知名度，低美誉度。虽然口碑不好，但还不至于流传太广。主要措施也是先提高产品质量和服务质量，提高美誉度，再扩大知名度。

给公司设定一个崇高的使命

使命是企业一种根本的、最有价值的、崇高的责任和任务，即回答我们干什么和为什么干这个。比如，微软（中国）有限公司的网站上标明的微软的使命："在微软，我们的使命是创造优秀的软件，不仅使人们的工作更有效率，而且使人们的生活更有乐趣。"

由于缺乏使命意识，使一些创业者和企业成为市场的投机者和赌徒，而在市场投机和设赌，注定要被市场抛弃。我们不难发现那些曾经靠投机取巧红极一时的企业家已经从成功名单中消失。

研究他们成功与失败的轨迹可以发现，主导这些人走向失败的是心理痼疾。而深层次原因在于他们没有想清楚"我为什么要办企业"这个问题，重复犯了相同的错误。

想一想"为什么要办企业"的问题，才能回到根本；而只有回到根本，企业才能永续发展。作为一家快速成长的企业，我们每天考虑的都是如何提高企业的竞争力和实现企业发展的长远目标。一个人的成长需要美好的人生理想作为激励，一家企业的成长更需要远大的目标作为动力，而企业崇高的使命感是一家企业的发展之源。

名利双收是经商的最高境界

古语所言"实至名归"，可以反过来说成"名归实至"，经商先求名，创出金字招牌，自然生意兴隆通四海。而要求名，必先讲义。讲义气，扬善心，名誉声望在外，财源滚滚也是不言而喻的。

印尼商业巨子林绍良特别注意经营民心，他说："我们要有好的前途，必须得到本地人的认同，跟本地人一起共同建设家园，分享财富和成果，力求达到'均富'的理想。"

他深刻地认识到，如果将个人置于社会之外，甚至民族之外，那么其结果只能是被社会、民族摒弃，赚钱更无从谈起。因此，他兴办面粉厂、水泥厂等，都是应民族经济之所需，补民族经济之所缺，顺应民心，因而获得了巨大成功。

林绍良的幸运年是1968年。这一年，他向印尼政府提出加工面粉的建议，以解决粮食不足的问题。印尼政府采纳建议，并把2/3的面粉生产专利权给他。他大喜过望，马上出资建起两家现代化的面粉加工厂，从而基本解决了印尼的粮食问题。他的做法既维护了人民的利益，又获得了政府支持，还轻松赚到了钱。

另一个生动事例可以印证林绍良是怎样为印尼经济作贡献，赢得民心的。1977年，印尼一家石油公司与某国际海运集团签订了一份运输协议。事后印尼发现上当了，于是政府决定，宁可政府出钱赔偿也要废约，但对方不同意，出现了僵局。如果僵局打不开，势必会影响印尼政府在国际财团中的形象，影响今后的借贷和吸引外资的能力。林绍良于这危难之际，受命去解决这一难题。他凭借雄厚的实力，以及在国际贸易中的影响和卓越过人的机智，巧施计策，最后终于迫使对方同意取消原约，接受赔偿，为印尼经济利益不受重大损失尽了力。

这样的公司管理者，自然受人欢迎和敬重。赢得民心的公司，事业上会更加顺利，在发展上也有了最大保障。

第十一章

增强企业生命力的竞争管理

提高盈利能力才有资格谈竞争

企业在做大做强的过程中不能只注重规模扩张，而忽视对公司盈利能力的提高。有专家指出：企业要成为主业突出、资产优良的公司，就必须实现由"做大"到"做强"的战略转型，大力提升核心竞争力和持续发展能力。

要跨过"大而不强"这道坎，该怎么办？

1. 强力"治散"，解决影响公司持续发展的主要矛盾

很多公司在产业、布局和管理等方面都存在着相当分散的状况，其突出表现有三。一是产业分散。产业跨度从第一产业到第三产业，从地上到天上，几乎无所不包，许多产业与主业关联不大，"大而全""小而全"的弊端仍不同程度地存在。二是布局分散。主业的产业布局分散，集中度不高。特别是一些加工行业，远离资源和市场，存在布局不合理、产供销脱节等问题。三是管理分散。管理层次过多、机构重叠、多级法人、分散决策等诸多问题出现。此外，"散"还表现在科研开发、物资采购、产品销售、商标品牌等许多方面。

"散"是乱之源，弱之根，败之先。"散"的弊端之一是造成资源配置和利用的低效率，使集中度难以提高，区域性优化难以实施；弊端之二是造成多头对外、无序竞争，削弱了整体竞争力和控制力；弊端之三是造成内部管理失控，监督不到位，导致效益流失和资产损失；弊端之四是滋生和助长"本位主义"意识，削弱了整体凝聚力和执行力。

强力"治散"，是企业由大而强的必由之路。

2.提升主业的核心竞争力

突出核心业务，做优做强主业，是企业全面提升市场竞争力和持续发展能力的根本。为此，要做到：

（1）健全市场营销网络，提高市场占有率；整合公司原有营销网络，优化资源配置，对市场开拓、营销策略、销售业务实行统一管理。

（2）优化生产，适时投入，确保持续做大做优。

（3）加快科技进步和技术创新，为公司有效发展提供技术支撑。

做好企业竞争能力的统计和分析

企业竞争能力统计分析法是一种通过两个相互联系的、能表示企业竞争能力的指标的对比，反映企业竞争能力强弱的统计分析方法。

企业竞争能力主要体现在产品品种、质量、价格、消耗和销售等方面，因而企业竞争能力分析包括以下主要内容：

1.产品质量竞争能力分析

产品质量是反映企业产品竞争能力的一个主要标志。一种产品通常有许多质量特征，在进行分析时，只能依据质量标准进行检查对比，当与国外产品进行对比时，要依据国际性组织制定的国际标准，当与国内产品进行对比时，要依据国家标准或行业标准。凡没有国家标准、行业标准的产品，可由生产企业自行制定企业标准。

对依照质量标准对比检查发现的差距，应从企业内部分析找寻原因，是产品设计问题、制造精度控制问题、生产管理混乱造成的问题，还是原材料、外购件、外协加工件存在质量问题等，以便采取措施，提高产品质量。

2.产品市场占有状况分析

市场是企业竞争的场所，企业产品的市场占有状况则是企业竞争能力大小的集中反映。通过分析产品市场占有状况，可以反映企业竞争能力的强弱、适应能力的高低，说明企业的营销决策是否正确。

企业产品市场占有状况的分析指标有两个：一个是市场占有率，另一个是市场覆盖率。

这两个指标都是对一定的地域范围而言的。它们可从深度和广度两方面说明企业产品的市场占有情况。在具体分析时，应将这两个指标结合起来加以考察，因为市场占有率和市场覆盖率共同决定着企业产品销售量的多少。

企业产品市场占有率还可以与同行业中最大竞争者的市场占有率相比，称为相对市场占有率。

通过计算相对市场占有率，可以了解企业产品与同行业企业中同类产品较高市场占有率的相对关系，判明本企业是否处于有利的竞争地位。如果相对市场占有率大于100%，说明企业处于有利地位，应立即对产品质量、价格等方面采取措施，开拓和扩大市场。

3.企业外部环境分析

企业外部环境分析的目的，是找出对企业发展有利的市场机会和对企业发展不利的问题，为制定能适应外部环境变化的营销策略提供依据。企业外部环境包括政治、经济、技术和社会环境等，分析时应抓住其中的重大问题，如需求、竞争者、供应者、国家政策、新产品开发、产品与原材料价格及银行利率的变化等。其中，主要是进行市场需求分析和竞争形势分析。

（1）市场需求分析

把企业产品的总体市场分成若干子市场或市场面，以便从中找到有利的市场（地区或用户）。

①分析影响市场需求的因素。影响市场需求的因素是多方面的，要通

过市场调查，对这些因素的今后发展进行推测，从而掌握市场对企业产品的需求动向。

②分析市场供求关系。一家企业在制订生产销售计划时，必须分析市场供求关系。例如，企业如果准备提高产品质量，增加产品花色品种等，那么就需要考虑这些改进对价格以及供求关系会产生哪些影响，经济上是否合算。又如，哪些产品应提高价格或是降价销售，也需要分析不同产品的供求情况，才能作出决策。

（2）竞争形势分析

①分析竞争因素。除现有竞争企业外，竞争因素还应包括用户、供应者、潜在竞争者和新产品四个因素。分析这些因素，才能对竞争情况有比较全面的了解，才能为制定竞争策略提供依据。

②分析竞争范围和内容，如在什么范围内竞争，和谁竞争，竞争什么，只有通过分析研究才能确定。对竞争者，除搜集整理其有关情况外，还要分析竞争的内容，才能了解企业产品的市场机会在哪里，风险在哪里。

4.企业内部环境分析

分析企业内部环境的目的是要弄清与竞争对手相比，企业在内部条件上有哪些优势和劣势，以便扬长避短，有效地利用现有条件，通过内部控制去适应外部环境的变化。分析企业内部环境应重点分析下列几个方面：

（1）现有产品的品种、质量和价格。

（2）现有生产能力和新产品的开发能力。

（3）销售情况。

（4）财务和筹集资金的能力。

（5）设备和人员状况等。

调整好竞争心态，多了解竞争对手

面对各种各样的竞争，有的企业过早地凋谢，而有些企业却能生存下来。这是什么原因造成的呢？其实，关键在于生存下来的企业有很强的竞争意识和竞争力。那么，企业怎样才能提升自己的竞争力呢？

1."三只眼理论"和"浮船法"

着眼于市场竞争，海尔提出了"三只眼理论"和"浮船法"。公司"三只眼"用来盯员工和用户，盯政策变化，盯市场变化，要盯紧，并抓住各种变化，使之转化为使公司腾飞的机遇。"浮船法"是市场竞争中的一种思维方法，做产品要尽善尽美，要比竞争对手高一筹，高半筹也行，并总是保持高于市场的水平，这样就能处在竞争对手之上。

2."快鱼吃慢鱼"

"快鱼吃慢鱼"意即"抢先战略"，是企业赢得市场竞争最后胜利的重要前提条件。实践已反复证明，在其他诸因素相同或基本相同的情况下，谁能抢占商机，谁就能取得最后的胜利。抢占先机已成为在竞争中取胜的关键因素。从市场经济的角度来看，时间相比资金、生产效率等，更具有紧迫性和实效性。羚羊如果跑不过最快的狮子，肯定会成为狮子的美餐；狮子跑不过最慢的羚羊，就会饿死。一句话，什么都要抢先。

3."炒豆理论"

人们总是将孔雀开屏与"自我炫耀""自作多情"等字眼联系在一起。但是，不可否认的是，孔雀那五彩缤纷、色泽艳丽的尾屏和优美的动作，让人叹为观止。一位温州商人说："我们温州人既会干事，也会作秀！豆子要不断翻炒才能熟，经商办企业就应该炒，炒才能成就大业。"

21世纪是"眼球经济"的时代。眼球经济也就是注意力经济，即通过引起受众的注意力来创造经济效益。温商的"作秀"可以说是抓住了眼球经济的精髓。有人这样评价台州商人和温州商人："台州人会做事，温州人会作秀。"有位台州商人说："我们台州人确实比较务实，很会干实业，办实事，但我们也想作秀，有实干的基础，做些秀，不是更好吗？可惜我们好像缺少这个天分。"言下之意，商人应该是天生的"作秀"专家。

在商战中，一家企业总是要不断应对来自各个方面的挑战。这当中，来自其他企业的挑战是最多也是最激烈的。"两军相逢勇者胜"，而两家企业之间的竞争，更是勇气和智慧的较量，尤其是在旗鼓相当的时候，较量就更显得惊心动魄了。此时，对企业来说，要做的准备是多方面的，但首先要做到知己知彼，这样才能百战不殆。这当中，知己相对而言好办些，知彼，即了解对手则是最重要的。

要想了解对手，可使用包括"间谍"等多种方式进行情报的搜集，但像日本的三井集团那样，全凭决策者自己的大脑分析、判断，最后作出明智的选择，就不得不让人五体投地了。

日本的三井集团和三菱集团是一对冤家，在一次竞争三池煤矿的收购权时，两家又狭路相逢了。到底该用多少钱去投标呢？两家都必须在尽量争取以低价格得标的同时，充分考虑对方的出价，这样才能获得投标的成功。这场竞争的胜利者是三井集团。

原来，三井集团的领导者益田孝反复思量，认为三菱投400万日元的可能性最大，于是他决定投455万日元。但第二天，他又想，三菱恐怕也是这样推测的，就决定再加5000日元。投标时，一个无人知晓的人物标得头高——455.5万日元，接下来的两高也是默默无闻的人，分别出价455.27万日元和427.5万日元，第四名才是三井的410万日元。这让人有些难以理解，怎么会见不到三菱的身影，而三井又位居第四呢？

原来，第一高标和第三高标都是益田孝假冒别人的名字去投的，假如三菱所估的价格比第三高标价格低的话，那么三井将把第一标让给第三标，以第三标的价格赢得煤矿。其实，第二标是三菱用假名标下的价格，因为三菱猜测三井会投455万元，所以加了2500日元，但是，或许三井也料到了这一点而出同样的价钱，于是三菱又加了价，变成了455.27万日元。在这一轮相互猜测中，由于三井对竞争对手的心思了解得更为清楚，所以取得了最终的胜利，获得了三池煤矿的所用权，并使它成为三井集团的宝库。据1932年《朝日新闻》报道，三池煤矿年获利在10亿日元以上。看来，了解对手所带来的收益是巨大的。

合作是公司发展的秘密之一

"同行是冤家"，这句话成了很多管理者的一种定势思维，因此在处理与其他企业的关系时，常常弄得剑拔弩张。其实大可不必弄得如此紧张，换一个角度，换一种思维方式，事情可能变得容易得多。

小天鹅洗衣机是很多消费者爱用的产品，碧浪洗衣粉则是另一个广为人知的著名品牌，生产它们的小天鹅公司和宝洁公司，分别是有名的电器公司和日化公司。为什么把这两个品牌放在一起说呢？

大家可以想一想：如果一个主妇要洗一大堆衣服，她只有洗衣机而没有洗涤剂行不行？当然不行。或只有洗涤剂，没有洗衣机行不行？多半不行（至少大多数人认为不行）。那么，在现代社会中，当洗衣机和洗涤剂已形成鱼儿离不开水、花儿离不开秧的关系时，电器公司和日化公司之间该以一种怎样的方式相处呢？小天鹅和碧浪的回答是：像犀牛与犀牛鸟那样和平共处、互利互惠。他们是这样做的：

小天鹅公司在商场销售该公司生产的洗衣机时，同时介绍宣传碧浪洗衣粉。顾客在购买小天鹅洗衣机时，会在包装箱内发现一个小塑料袋。塑料袋里装了三件东西：一袋碧浪洗衣粉、一本小册子和一张不干胶广告。

那一小袋洗衣粉当然是宝洁公司提供的赠品，这一方面可以看作是小天鹅洗衣机的一种促销手段；另一方面，在这一过程中也宣传了碧浪洗衣粉。此外，一起装在袋中的那本小册子也值得一提。小册子的封面上印的图片内容是小天鹅洗衣机和碧浪洗衣粉在蓝天白云中飞翔，上面有醒目的几个大字："小天鹅全心全意推荐碧浪"。小册子里的内容是介绍碧浪洗衣粉和小天鹅洗衣机的使用方法的，而且把介绍碧浪的内容放在前面。

与此相对应的是，碧浪洗衣粉也在本产品的包装袋上，印上小天鹅洗衣机的宣传图片。像小天鹅在介绍时强调"选择合适的洗衣粉才能洗净衣物和保护洗衣机"一样，碧浪洗衣粉则强调，选择合适的洗衣机才能充分发挥洗衣粉的洗涤效果，并且保护衣物。

结果是："小天鹅、碧浪全心全意带来真正干净。"

当然，这一切都是两家公司相互协商的结果。两家公司都是实力派公司，两家的合作属于强强联合。而他们互助互利、互得其惠的结果提醒我们：公司与公司之间是有可能且有必要和平共处、共生共利的。

第十二章

提升核心竞争力的客户管理

以诚为本，主动培养忠诚客户

李嘉诚在创办长江塑胶厂最困难的日子里，遇到竞争对手恶意的拍照。对方把镜头对准了他那破旧的厂房和工人们。当对方把这些照片登报后，他拒绝了旁人给他出的重新包装粉饰一番的反宣传策略。他背着产品实实在在地找到代理商，很诚恳地告诉他们："你们看，我们在创业阶段的厂房是破了点，我这个厂长也是够憔悴的，且衣冠不整，但是请看看我们的塑料花，还有我们所设计的新品种，我相信质量可以证明一切，欢迎你们到我们的厂来参观。"代理商惊奇地看着这个诚实勇敢的年轻人，以及他生产的优质塑料花，他们被这样忠厚老实而又优秀的创业者感动了，纷纷到长江塑胶厂去参观订货。

可以这么说，在帮助李嘉诚成功的有利工具中，绝对有一件叫作"诚信"。如果李嘉诚把主要精力放在"形象公关"上，势必捉襟见肘，多费口舌，反而说不清楚，而他选择诚信做人、认真做事，把主要精力放在工厂的生产上，以质取胜，最后获得市场的承认，取得了成功。反观现在，很多企业正面临一场严峻的挑战——诚信缺失。当前，企业市场营销中的诚信缺失已经到了一个非常严重的地步：产品假冒伪劣、广告华而不实、售后服务虚假承诺等现象频繁出现，严重地违背了社会公德，损害了消费者的利益。

诚信是我国传统道德中最重要的规范之一，也是市场经济条件下，企业在从事生产、经营和管理活动中，处理各种关系的基本准则。诚信的基本内涵包括"诚"和"信"两个方面："诚"主要是讲诚实、诚恳；"信"主要是指讲信用、信任。诚信要求企业在市场经济的一切活动中要遵纪守法，诚实守信，诚恳待人，以信取人，对他人给予信任。

诺贝尔经济学奖得主诺思说过："自由市场经济制度本身并不能保证效率，一个有效率的自由市场制度，除了需要有效的产权和法律制度相配合外，还需要在诚实、正直、公正、正义等方面有良好道德的人去操作这个市场。"美国学者福山在《信任：社会美德与创造经济繁荣》一书中曾预言：21世纪是信誉的世纪，哪个国家的信誉度最高，哪个国家就会赢得更广阔的市场。

在市场营销中，企业不可避免地要对客户作出各种承诺，因为企业的承诺就是客户的定心丸。企业承诺是对经营环境的适应，也是对经营环境的合理利用，是建立在企业资源合理配置及核心能力有效发挥的基础上。客户需求和期望是企业承诺的出发点和重要参考依据；反过来，合理的承诺是企业对市场需求的适应性反应，它不仅应立足于满足市场和客户的需求，而且应策略性地考虑通过有效的承诺及管理去管理客户的期望值。

一旦给了客户承诺，就一定要兑现。每次客户完成购买时，他们的满意度决定了他们的下次选择。如果满意，那么可想而知，在将来有新的需求时，他们会回来找你；但如果不满意，那么他们下次购买时就会另找他人。衡量消费者心中是否满意的一个很重要的标准就是你是否重视你的承诺。只有重视你的承诺，才能赢得他人的信任，没有人喜欢一个不重视承诺的人。

承诺不是随便说说的，"一诺千金"的作用在营销中体现得非常明显。除非承诺是肯定能做到的，否则不要轻易给客户承诺。不讲信用会失去合作的基础。在现实生活中，企业与客户闹矛盾，据说80%的问题都出在承诺兑现的问题上。有的企业为了调动客户的购买积极性，经常随意地向客户承诺。结果，客户购买了产品后，发现那些所谓的承诺根本没有兑现，双方的合作关系必然会受到影响。

在因为意外而不能兑现承诺时，要对客户诚恳地道歉，如果因此而给客户带来损失的话，要尽量赔偿，千万不要为自己找借口。任何理由都是苍白无力的，客户只会记得你是言而无信的。与其找借口，还不如先老老实实承认自己的过失，然后再尽力化解危机，使事情朝良好的状态发展。比如，一些知名品牌汽车，经常会发生有瑕疵汽车被召回的事件。在这些企业宣布汽车存在质量问题并召回后，企业的信誉、汽车的销量并未因此而受到影响，反而会让消费者感觉到这样的企业及其产品是值得信赖的。因为没有什么是绝对完美的，客户更需要感觉到你对他们是负责任的，你正在尽力做到完美，并且你是在设身处地地为他们着想。当你能承担所有责任并改正你的过失时，本来不好的事反而会让你赢得顾客更大的信任。

星巴克并没有广泛的客户群，它的生意来源主要依赖于那些忠诚的客户。那些最忠诚的客户每月去星巴克的次数高达18次，他们把星巴克当作是一种除居家和办公之外的第三场所，在那里体验着在别的地方无法体验到的情调和氛围。

忠诚，是一个有着悠久历史的人文概念。早在封建时代，忠臣、忠民就已经受到了人们的极力推崇。随着时代的发展，忠诚被逐步引入至国家、民族、家庭乃至经济领域。今天，任何一家成功的企业无一不在灵活地应用着"忠诚"，拥有一批忠诚的客户是他们成功的重要因素。

1. 客户忠诚的定义

客户忠诚是指客户对企业的产品或服务的依恋或爱慕的感情。在商业环境中，客户忠诚是从客户满意的概念中引申出来的，即客户满意后而产生的对某种产品或品牌的信赖、维护和希望重复购买的一种心理倾向。忠诚型的客户通常会拒绝竞争者提供的优惠，经常性地购买本企业的产品或服务，即使出现了价格更加低廉的替代品，他们也不会轻易转投他人，甚至还会自愿地向别人推荐、宣传企业的产品或服务。

客户忠诚可以分为行为忠诚、意识忠诚和情感忠诚。行为忠诚是客户实际表现出来的重复购买产品的行为；意识忠诚是客户在未来可能有购买产品的意向；情感忠诚则是客户对企业及其产品的态度，包括客户积极向周围人士推荐企业的产品或服务。

2.客户忠诚的意义

自从管理学家提出了"二八定律"以后，客户忠诚就成为了商业领域的一个热门法则。美国运通公司负责信息管理的前副总裁詹姆斯·普顿指出，最好的顾客与其余顾客消费额的比例，在零售业来说约为16：1，在餐饮业是13：1，在航空业是12：1，在旅店业是5：1。有一项调查研究也表明，一家企业总销售额的80%来自于占企业客户总数20%的忠诚客户。客户忠诚的意义在于：

（1）带来长期的利润

拥有一批忠诚的客户对企业的发展是十分关键的。忠诚的客户是企业巨大的财富，是企业主要的利润来源，他们所带来的收益是长期且具有累积效果的。一个客户保持忠诚度越久，企业从他那儿得到的利益就越多。

（2）提升销售量

忠诚的客户都是良性消费者，他们会向企业重复购买产品或服务，从而保证了企业销量的不断上升，使企业拥有一个稳定的利润来源。埃森哲的一项调查表明，81%的客户称会继续在他们所忠于的企业购买产品或服务，约一半的人称他们会在所忠于的企业购买更多的商品，或对促销商品有所反应。客户越忠诚，企业从客户身上获得的利益就越多，这是因为客户支持同一家企业的时间越长，他们就越舍得花钱。

（3）加强竞争地位

忠诚的客户会持续地向企业而非竞争对手购买产品或服务，并对竞争对手的促销活动产生免疫力，从而使企业在市场上的地位变得更加稳固。即使发现所购产品或服务存在某些缺陷，或在使用中发生故障，这些忠诚的客户通常能做到以谅解的心态主动向企业反馈信息，求得解决，而非采用投诉或向媒体披露等手段扩大事端。

加大对老客户的投资力度

A 公司和 B 公司是两家同等规模的建材公司，在业务上处于竞争关系，实力不分仲伯。两家公司为了争夺业务，彼此展开激烈的客户争夺战，谁也没能一下子拉开彼此的差距。后来，A 公司请来了一家咨询公司，并听取了咨询公司的建议：将精力更多地放在老客户身上。不到两年时间，A 公司就迅速超越了 B 公司，成为该行业的区域老大。

企业要生存和发展，首先必须创造利润，而企业的利润主要来源于客户的消费。可以将这些客户分为两部分：一部分是新客户，即利用各种市场营销手段吸引潜在客户来初次购买产品或服务；另一部分是企业的原有客户，即老客户，他们已经购买过企业的产品，使用后感到满意，经企业加以维护愿意连续购买产品。

大部分企业都将更多的精力放在赢得新客户上，相对而言，对老客户给予的重视则不够。这种错误的观念和做法往往会让企业付出巨大的代价，使其客户流失率非常高。埃森哲对美国和英国众多行业客户的一项调查表明，60%的人在过去一年中改变了对某一公司的忠诚态度，64%的人称可能或很有可能转向另一家公司。而另外一项调查也表明，客户忠诚度的数字是令人沮丧的，大多数企业每五年平均失去约一半的客户。

的确，开发新客户对企业营销非常重要，但在产品供大于求、竞争激烈的市场上，新市场的开拓毕竟有限，成本也很高。而且，在"漏斗原理"的作用下，由于老客户不断流失，为保持销售额，企业必须不断补充"新客户"，才能不断循环。企业可以在一年内失去 100 个客户，而同时又得到另外 100 个客户。从表面上来看，销售业绩可能不会受到影响，然而实际上，为争取这些新客户所花费的成本显然要比维持老客户昂贵得多，从企业投资回报率的角度看，是非常不经济的。

仔细分析一下赢得新客户和留住老客户两者的成本，你就会大受启发，吸引新客户比留住老客户所付出的代价要昂贵得多，而所获得的收益又要小得多。

（1）维持一个客户的营销费用仅仅是吸引一个客户的营销费用的五分之一。

（2）对客户的第一次销售成本大约是第二次交易成本的 5 ~ 10 倍。

（3）向现有客户推销的成功概率是 50%，而向一个新客户销售的成功概率仅为 15%。

（4）如果将每年的客户保持率增加 5 个百分点，那么能使企业利润增长 25%~95%。

（5）企业 60% 的新客户来自现有客户的推荐。

美国哈佛商学院曾经对客户整个采购生命周期内服务于客户的成本和收益进行了分析，并得出结论：对于每个行业来说，在早期为赢得客户所付出的高成本使客户关系不能盈利；但在随后几年，随着服务老客户成本的下降及老客户购买额的上升，这些客户关系带来了巨大收益，回头客每增加 5%，利润就会根据行业不同而增加 25% ~ 95%。

客户的价值，不在于他一次购买的金额，而是他一生能带来的总额，包括他自己及其对亲朋好友的影响，这样累积起来，数目相当惊人。假定一位客户每次的消费金额为 10 元，如果其每两天产生一次购买行为，以 10 年计算：$10 \times 365 \times 10 \div 2 = 18250$ 元。再假设该客户在 10 年中又影响到 10 人，使他们都成为该企业的客户，那么购买总额将扩大 10 倍左右。

留住老客户还可以使企业的竞争优势保持得更为长久。多年前，IBM 的年销售额由 100 亿美元迅速增长到 500 亿美元时，IBM 营销经理罗杰斯谈到自己的成功之处时说："大多数公司的营销经理想的是争取新客户，但我们的成功之处在于留住老客户；我们 IBM 为满足回头客，赴汤蹈火在所不辞。"

学会引导客户的期望值

去农贸市场买菜，即使小摊贩有一些不太优雅的言行，人们一般会见怪不怪，觉得可以接受；而去大超市购物，如果营业员稍微有点不文雅的举动，人们就会觉得这个超市的服务差。

为什么同样的行为，人们却会有不同的感觉？关键就在于期望值不同。所谓客户期望值，就是客户认为企业提供的产品和服务应该达到的某种状态和水平，它包括期望的内容、标准（包括定量标准和定性标准）等。引导客户的期望值，是指企业有目的、有计划地主动适应和影响客户期望值的过程，其目的是使客户的期望值维持在某一合适的状态。

让客户满意，不是要满足客户的任何需要。事实上，没有一样产品、一家企业能够真正无限制地完全满足客户的所有期望。菲利普·科特勒认为，客户满意是指一个人通过对一个产品的可感知效果与他的期望值相比较后，所形成的愉悦或失望的感觉状态。亨利·阿塞尔也认为，当商品的实际消费效果达到消费者的预期时，就导致了满意；否则，则会导致客户不满意。

可见，满意水平是可感知效果和期望值之间的差异函数。在企业所提供的产品和服务不变的情况下，客户的满意水平和期望值是成正比的。如果可感知效果低于期望值，客户就会不满意；如果可感知效果与期望值相匹配，客户就会满意；如果可感知效果超过期望值，客户就会高度满意、高兴或欣喜。

所以，提高客户满意度就是努力达到和超过客户对产品和服务的期望值。在提高客户满意度的问题上，一方面要不断提高自身的产品和服务的质量和水平，另一方面还需注意将客户的期望值控制在一定范围之内。提高与控制要两手抓，这一点很重要。只强调如何去进一步提供更好更优的服务，而忽略了对客户期望值的控制。那么，即使我们的服务越来越周到，客户满意度也并不会得到相应的提高，因为客户对服务的需求是永无止境的，而企业的资源却是有限的。

因此，我们需要引导客户的期望值并维持在一个适当的水平，同时让客户的期望值与客户的体验协调一致。引导客户的期望值的关键是要给客户一个合理的期望，让企业与客户朝着一个方向努力，把双方期望值的鸿沟缩小，达到双赢的目的。如果企业为客户设定的期望值与客户所要求的期望值之间差距太大，企业就算做再多的努力，客户也不会接受，因为客户的期望值对客户自身来说是最重要的。

这样一来，就需要管理者建立完备的管理体系。

1. 客观评价产品和服务

一些企业为了扩大销售，塑造良好的企业形象，往往喜欢在宣传或销售过程中夸大自己的产品和服务，借此提高自己的身价。尤其是在一些产品的推广活动中，更是夸大产品的能效，人为地制造客户的高期望值。

事实上，这种接近欺骗的手段，不但起不到良好的效果，反而会伤害客户的信任度，虚假地拉升了客户的期望值。当客户接受了企业的产品后，如果发现没有购买到自己期望的产品，尤其是这种期望你已经承诺可以达成，客户就会把一切责任都归咎于企业本身。此时，客户的满意度会大幅度下降。

因此，在介绍企业、产品和服务的时候要做到客观真实，既不要夸大也不要隐瞒，而应针对客户需求和企业能够提供的服务状况，客观地描述自己的产品和未来的发展前景。客户了解你的最初目的，是建立对你产品的信任。用"引诱"的方式来和消费者沟通，最终一定是"搬石头砸自己的脚"。虽然可能短期内有一定的收获，但是这种收获的背后将是企业要付出巨大的诚信代价。

2. 与客户进行充分有效沟通

在营销中，企业与客户之间往往存在信息不对等的状况。企业对客户的需求把握不足，客户对企业的产品和服务认识不周。大多数时候，客户对产品和服务质量的评价只能是一种模糊的认识，并没有统一的衡量标准，从而导致客户实际感知效果与期望值之间存在差距，而这种差距往往会造成客户满意度的下降。

因此，在向客户提供产品和服务时，一定要与客户进行充分有效的交流与沟通。一方面，通过充分有效的沟通，可以更全面地了解客户的真实意图，了解客户对产品和服务的要求和期望，避免因猜测客户心思而产生不必要的误解；另一方面，可以及时准确地向客户传递产品和服务信息，有效地控制客户的期望值。

3. 对客户的额外要求要谨慎

客户是"上帝"，但并不是"上帝"的任何要求都要满足。事实上，也无法做到这一点。如果只要客户提出要求，即使这些并不是企业应承担的，而企业还总是满足的话，那么客户就会习惯性地认为这本来就是他们应当得到的，也是企业应当承担的。一旦有一次未能"正确"履行这些"额外义务"，等待企业的将是客户的不满意。

因此，在客户提出额外的要求时，企业一定要谨慎。当然，这并不是意味着对客户的要求置之不理，否则换来的同样会是客户的不满意。更好的做法就是明确企业的产品和服务内容，清楚地向客户表明他的这些要求是额外的，然后在自己能力范围内帮助客户解决问题，最后要将客户的这些额外要求进行总结，通过广泛的调查进行可行性的论证，为产品和服务的创新提供依据。

第十三章
决定企业经营成败的决策管理

从全局出发，利用集体智慧果断决策

管理者要有辨别是非善恶的能力，同时又要有决断、取舍的权力。

美国前总统里根是一位"明星总统"，他在担任领导人期间，个人风格发挥了不容忽视的作用。里根是一位现实主义者，实行的治国理政方针明确而又有条理，一经确定便坚定不移地加以推行。坚定并不意味着一意孤行，里根是善于博采众长的。出任8年州长的里根不能说没有领导经验，但在许多领域他并不是内行。然而精力旺盛的他喜欢与各界人士进行直接的接触和对话，从中了解情况、增长知识。里根说："一个领袖必须具有能够适应新环境的能力。"早在担任加利福尼亚州州长期间，他就显示出了这种能力。在解决某一方面问题前，他总要征求多方意见。遇到下级来请示什么，他常常会反问一句："前任州长是怎样处理的？"在广泛了解了方方面面的意见以后，择其中之精华，自己最后作决定。有人说他不像个州长，倒很像个甩手"董事长"：小事不管，大事靠别人出主意。里根对此评语不以为然，他对州政府官员们说："当州长就要像当董事长一样，管好大事就行了。至于小事，我相信你们都能管好。"里根出任总统以后，仍然坚持这种工作作风，长袖善舞，广结人缘，顾及公众利益、国会反应、党派利益等纷繁的因素，不拘成规，果断决策。

我们不能太相信我们身边的贪婪之辈，他们可能会为了私情而做出不合法度的事。人才招揽与举荐，工作的计划与建议，这些可以交给下属去处理。但是，管理者必须具备辨别是非善恶的能力，必须掌握决断、取舍的权力。

如何作出科学决策

感性决策的特征就是凭着"大概""估计""大致上""可能""好像"等非理性判断进行决策。传奇商人史玉柱在巨人大厦项目上的决策，就是典型的感性决策。

巨人集团兴建巨人大厦时从 18 层一直加到 70 层，投资额由起初的 2 亿一直增加到 12 亿。这一系列决策的变化完全是凭史玉柱的个人感觉作出的。

史玉柱认为，建大厦应主要依靠自有资金，他设定的筹资方案为：自筹 1/3，卖楼花筹 1/3，向银行贷 1/3。实际上，到巨人集团发生危机时，主要是用自筹资金和卖楼花所得，而未向银行借一分钱。那么，巨人大厦是怎样把巨人集团拖入一场灾难的呢？

大厦由 54 层加高到 64 层时，史玉柱决策的依据只是设计单位的一句话"由 54 层加到 64 层对下面基础影响不大"。当决定由 64 层加高到 70 层时也未经过严密的论证，只是凭感觉认为应该没问题。结果施工时，发现巨人大厦处在三条断裂带上，为解决断裂带积水，大厦支柱必须穿越 40 ～ 50 米的沙土而达到岩石层，再打进岩石层 30 米。如此一来，便多投资了 3000 多万元，使建筑工程耽误了 10 个月（其间地基被水两度淹没）。

由于未料到地基会出问题，当 70 层的地基打完时，所筹楼花已经用尽，巨人想从银行借贷，但当时的宏观调控政策使得银行对巨人集团比较谨慎。巨人集团只好从生物工程方面抽取资金，到 1996 年 6 月，共从生物工程方面抽取了 6000 万元资金，其中 5 月份是抽取最多的一个月，当月各子公司共交来了毛利润 2750 万元，史玉柱把净留下来的 850 万元资金全部投入到巨人大厦的建设中。

由于过量抽血，使得维持生物工程正常运作的基本费用和广告费用无法到位，生物工程这个产业开始萎缩。到 1996 年 7 月，保健品销量急剧下降。史玉柱发动了一场秋季攻势，力图挽救颓势，也未奏效。

巨人大厦抽干了巨人集团的血，当生物工程一度停产时，巨人大厦终于断了资金供给，不得不停工，一场危机就全面爆发了。

巨人大厦建设过程中的决策就像一场儿戏，对资金筹措缺乏周详的考虑，施工前也没有一个完整的可行性方案。巨人集团给国内同行上了惨烈的一课。

不可否认，优秀管理者的直觉可能会有一定的科学性，也许他在一念之间得出的结论需要许多理论工作者进行大量的推理论证才能得出。但是，有三条应该注意：

（1）他的直觉未必"百发百中"，他的直觉判断不可能都正确，很多曾辉煌一时的企业家最后就栽在了自己的一个错误判断上。

（2）即使他的判断是正确的，但也只能是方向上的正确，在一些细节上，如投资成本、利润及风险等诸方面仍需要理性科学的论证和计算，而我们的一些企业管理者就是不爱做细节上的工作，决策常带有浪漫色彩，完全是理想化的。公司毕竟是一个经济组织，其根本目的是要获取利润，那种不计成本、不算利润的浪漫主义决策行为只会使公司在市场竞争中被淘汰。

（3）公司规模较小时，感性决策往往能成功，公司一大就不行了。有所作为的企业家，都是从市场中真枪真刀拼杀出来的，在投资项目上往往能表现出惊人的市场敏感度及胆识与魄力，但是我们应该认识到，初期小规模的项目决策需要获得和处理的信息量毕竟有限，企业家凭借个人的聪明才智就可以完成。而随着决策项目规模的扩大，需要处理的信息量成倍增加，仅靠个人感觉是难以掌控的。一些项目初步匡算利润丰厚，并且完全切实可行，但潜在着许多不可控因素。在没有充分准备的情况下，这些不可控因素突然爆发出来，就会使企业和企业家陷入进退两难的尴尬境地。

情绪不好或冲动时不要作决策

在企业的管理中，若管理者能保持良好的心态，就可以更好地去管理企业。

《孙子兵法·火攻篇》说："主不可以怒而兴师，将不可以愠而致战；合于利而动，不合于利而止。怒可以复喜，愠可以复说，亡国不可以复存，死者不可以复生。"发怒等负面的情绪对工作业绩有很大的影响，因为人在发怒的时候，智商基本上是零，如果这个时候作决策、干工作，会缺乏效率。

作出错误的决定，后果是不堪设想的，而且往往悔之晚矣。特别是像《孙子兵法》说的发动战争这样的关系国家生死存亡的大事，更是不能凭情绪决定。不论怎样生气，都要坚持一个原则：作出的决定是否对国家、单位、家庭有利，有利者，为之；不利者，避之。一定要记住"怒可以复喜，愠可以复说，亡国不可以复存，死者不可以复生"的道理。

有一位哲人曾总结了一条很好的经验，那就是在生气的时候先睡上一觉，醒来的时候再处理问题，那样就冷静得多了。

作为一名企业管理者，身负公司发展的重任。在管理过程中，管理者要时刻保持清醒，保持积极的情绪，在管理过程中作出明智的决策，创造更多的价值。

进行决策时需要注意的问题

决策是管理者要面临的头等大事，它决定着企业的命运。所以，管理者在作决策时一定要严谨。那么，管理者在进行决策时需要注意哪些问题呢？

1.决策要有明确的目标

决策的前提条件是有明确的目标。问题清楚，目标明确，只有在这种情况下，才有可能进行决策。 决策或是为了解决某个问题，或是为了实现一定的目标。没有目标就无从决策，没有问题则无需决策。决策的难点来自于目标不清。目标不清往往会造成在方案选择上摇摆不定的情况，一方面认为这个方案好，想选择这个方案；另一方面又认为那个方案好，想选择那个方案。如果决策目标明确，按照目标的要求，哪个方案更好一些，决策者就会毫不犹豫地选择哪个方案。

2.多方案抉择是科学决策的重要原则

决策要有若干个可行的备选方案，一个方案不能比较优劣，也没有选择的余地，所以多方案选择是科学决策的一个重要原则。多方案抉择的重要性不仅仅在于可以选择，更重要的是通过选择可以增强在执行方案时的信念。只有一个方案，没有经过选择的过程就开始执行，在执行过程中一旦遇到挫折，就会犹豫不决，有可能因此半途而废。很多决策之所以没有取得应有的效果，就是因为决策在实施过程中不坚定。通过比较和选择，可以坚定决策实施过程中的信念，而碰到问题的时候，就会坚信方案应该是正确的，因为当初对方案进行了分析、比较和评价，只是在执行过程中出现了问题，可以继续努力克服困难，将方案继续付诸实施。

3.决策要进行方案的分析比较

决策时应进行方案的分析比较，对每个方案进行综合分析与评价，比较各方案的优劣，做到心中有数。很多时候，决策的失误是来自于决策时心中无数，盲目作出决定。

4.在理性的前提下

决策是一个理性的、主观分析判断的过程。也就是说，决策过程受到各种主观因素的影响。所以，对于同一个问题，不同的人会有不同的决策结果，这是正常现象。管理者应在听取各方意见的基础之上，分析判断并作出正确的决策。

第十四章

争取最大利益的谈判管理

营造良好的谈判氛围

要想谈判成功，一定要满足谈判双方的欲望和心理价位。当谈判正式开始前，双方见面时的短暂接触对谈判氛围的形成具有关键性作用。那么，如何营造良好的谈判氛围呢？

1.恰到好处地寒暄

比如，谈谈大家都感兴趣的话题；点到为止地谈点私人问题；与对方开个玩笑，如果你们认识的话。

2.利用自然得体的动作

使用适当的手势语言；全身放松，肢体动作自然得体。

3.避免谈判开始时出现的慌张和混乱

为避免谈判开始时出现的慌张和混乱，应做好充分的准备，战略上藐视对手，战术上重视对手。

4.确定合适的语速

谈判切忌滔滔不绝，那会给人慌慌张张的感觉；也不可慢条斯理，让人听得倒胃口。在谈判的过程中还要察言观色，捕捉信息。

谈判氛围形成后，并不是一成不变的。本来轻松和谐的氛围可以因为双方在实质性问题上的争执而突然变得紧张，甚至剑拔弩张，一步就跨入谈判破裂的边缘。这时，双方面临的最急迫的问题不是继续争个鱼死网破，而是应尽快缓和这种紧张的氛围。此时，诙谐幽默无疑是最好的武器。

某机器销售商对其买主说："贵方是我公司的老客户了，因此，对于贵方，我们理当给予优惠照顾。现在我们已获悉，在年底之前，我公司经营的这类设备要涨价。为了不使老朋友在价格上遭受不必要的损失，我方建议假如贵方打算订购这批货，要求在半年到一年内交货，就可以趁目前价格尚未上涨之时，在订货合同上将价格条款确定下来，那么这份合同就有保值的作用，不知贵方意下如何？"

如果此时该产品市价确实有可能上涨，那么这番话就很有诱惑力，对方绝对会倾耳细听，并作短暂考虑。

见到买主犹豫不决，这位销售商又补充说，如若此事早日定下来，对于卖方妥善安排投产、确保准时交货是有利的。

买主仍有些踌躇不定。"我们可以随时撤销合同，当然必须提前三个月通知我方。"销售商又加上一道保险。

此时买主还能说什么呢？便同意签订合同了。

美国商业谈判专家荷伯·科恩在其《人生与谈判》一书中追忆了他在初次与日本商人谈判时，因缺乏经验被对方击败的情形。

荷伯先生的上司决定派他到日本去谈笔生意。

我太高兴了，兴奋地对自己说："这可是展现自己才华的一次好机会。命运在召唤我，我要扫清这个障碍，然后向国际进军。"

一周之后，我乘上去日本东京的飞机，参加为期14天的谈判。我带了所有关于日本人精神和心理的书籍，一直对自己说："我一定会干好。"

飞机在东京着陆了，我小跑着到了舷梯。下面有两个日本人迎接我，向我客气地躬身行礼。

两个日本人帮我通过海关，然后陪同我坐上一辆大型豪华卧车。我舒服地倚在绵绒靠背上，他们则笔直地坐在两张折叠椅上。我大大咧咧地说："你们为什么不跟我一样，后面有的是地方。"

"噢，您是重要人物，显然您需要休息。"我又喜欢这个。

途中，他们其中一位问道："请问您懂日语吗？"

不懂，不过我打算学几句，我还带来了字典。

他的同伴又问我："您是否关心您返回去的乘机时间？我可以安排车子去送您。"

我心里想，多体贴人呀！

我从口袋里掏出返程机票给他们看，好让他们知道什么时候送我回机场。当时我并不知道他们就此知道了我的截止期，而我却不知道他们的截止期。

之后的日子里，他们没有立即谈判，而是先带我领略了一下日本的文化。我的旅游花了整整一周时间。

每当我要求谈判时，他们就说："有的是时间，有的是时间。"每晚有四个小时，他们让我坐在硬木板铺上吃晚餐和欣赏节目。你能想到在硬木板上蹭这么久是什么滋味。而每当我要求谈判时，他们就说："有的是时间。"

到了第12天，谈判总算开始了，但又提前结束了，为的是去打高尔夫球。第13天开始了，又提前结束，因为要举行告别宴会。最后的一天，我们恢复了认真的谈判。正当我们深入到问题的核心时，卧车开来接我去机场。我们全部挤入车里，继续谈判。

荷伯·科恩以惨败告终。由于日本人知道了他谈判的截止时间，先搞好关系，投其所好，而把正式谈判压缩到仅一天时间，给他造成很大的时间压力，他为完成上司交给的任务而不得不草草签订协议。

谈判不是打嘴仗，而是比拼心理。为了达到自己的谈判目的，管理者应该掌握一些谈判技巧，使自己在与对方较量、周旋中占据上风。

"拖字诀"的奥秘

在商务谈判中，暂停并不代表失败，而是在考验生意双方的决心和毅力，给彼此一个软化态度的机会，尤其是在双方都找到了台阶可下时，更是愿意互相妥协，作出让步，以谋求更满意的结果。

当然，暂停也有风险。有的心结就很难打开，有些僵局就无法突破，"暂"字派不上用场，就只有喊"停"了。

很少有人会拒绝让对方作一次自己人之间的私下交谈。贸易洽谈进行了一段时间以后，可以暂停五至十分钟。在这期间，双方走出紧张的氛围，回顾一下洽谈的进展情况，重新考虑自己在谈生意中的地位，或者清醒一下头脑再进入商讨，这都很有必要。

在整个谈判过程中，人的注意力总是在谈判开始时和快结束时高度集中。谈判之初大家精力十分充沛，但不会持续多长时间，这时候提出暂停的建议是会得到对方积极响应的。暂停是有积极意义的，它使双方有机会重新计划甚至提出新的设想和方案，可以使双方在新的气氛下重新坐到一起，精力和注意力也能再次集中起来。

值得注意的是，如果你想用这种方式来取得进展的话，那么首先你必须确定在你方愿意从立场上松动一下的情况下，对方也愿意从他们的立场上松动。如果不是这样的话，你将发现对方的力量有所增强，你则因为让步而大败而归。因此，在你提出暂停时，你必须确定对方已经保证在复会时将有所动作。不要怕喊暂停，关键时刻该喊就喊，不要迟疑。

买方和卖方并不总是想通过谈判来达成协议。有些谈判是要抢先于对方作出决定或拖延对方对己方不希望有的行动。

有些买方主动去与一家卖方谈生意，仅仅是想先占住他的库存，与此同时再到别处寻找更低的价格。一些已经在时间、材料或者成本上做了工作的卖方，有意拖延以达成固定价格协议，因为他们知道以后签约更有利。

"不想成交"的谈判是讨价还价的一部分。这常常是不道德的，不过也不总是这样。下面是一些能利用这一战术实现目的的情况：

（1）用以影响别处的谈判。

（2）为后来真正会谈打下基础。

（3）为别的人打下基础。

（4）占用产量或库存。

（5）搜寻信息。

（6）拖延不希望有的决定或行动。

（7）边谈边寻找其他方案。

（8）拖延时间，以便让公众或第三方参与。

（9）表示妥协的愿望（有时根本没有这样的妥协）。

（10）在摸清基本意思后，迫使冲突出现，进入仲裁。

（11）转移注意力。

谈判者要想在谈判桌上取得成功，就必须安下心来，不急于求成，善用时间，掌握暂停的策略，因为这样才能看出谈判对手对此的耐力和意志。

巧对谈判中的僵局

谈判一旦陷入僵局，对那些急性子的谈判者来说绝对是致命的。因此可以说，僵持战术是专门为急性子的谈判者而设计的。原因是谈判只要陷入僵局，时间会无限制地延长，根本看不到结束的可能。这对那些妄想一鼓作气的谈判者无异于当头一棒。

僵持是谈判中最有力的战术之一，几乎没有什么方法能像它那样更有效地考验对方的力量和决心，而且大多数人都像躲避瘟疫一样躲避僵局，他们害怕它。

有心理学家把僵持比作疏远。人最害怕的事情之一是与别人隔离开来。人们为了避免破坏宝贵的关系而付出极大的努力，实验好像也证实人们宁可歪曲事实，也不愿与同辈人有分歧。疏远和僵持都令人不快。

每一个人都在某些时候遇到过僵持，我们都体会过它是如何地让人不舒服。当我们开始一场希望达成协议的谈判时，僵局所带给我们的是一种失败的感觉，容易使我们失去信心并对自己的判断产生疑问："我们还应该通过其他方式来说些什么或做些什么吗？""还有些什么别的让步应该采取吗？""我们应该接受最后那次报价吗？""这种僵持会对我们的声誉带来影响吗？"诸如此类的问题在折磨着双方。

难怪谈判者都怕僵局，特别是当他们在为一家大公司做事时更是这样。如果把自己放在买方或者推销员的位置上，则很容易看出僵持对他们个人是不利的。承担风险或者多做些额外的工作不值得，从个人立场上看，它常常像是个愚蠢的举动。

僵持仅仅是谈判战术中的一个。它也像其他任何方案一样值得考虑，但它不总是合适的，就像其他战术不总是合适的一样。没有管理背景的谈判人员会对僵持持犹豫态度，甚至该僵持时都不敢僵持。

僵持之所以有力量，在于它对双方产生的作用。它是对双方的决心和力量的严峻考验。打破僵局之后，买方和卖方都会被软化，双方都更愿意相互妥协，特别是在能找到一个保全面子的方法时更是这样。那些愿意去试一试僵持的人，很可能会有较好的结果。不过，正如我们大家都懂的那样，僵持确实包含着风险。

面对僵局，不要着急，要能忍。那些有耐心的谈判者，面对僵局并不害怕，虽然僵局多多少少对他们也会有一定影响，但显然要少得多。聪明的谈判者还会利用僵局，向被僵局搞得心慌意乱的谈判对手施加压力。

在商业谈判中，双方都希望能顺利地和对方达成协议，完成交易。但好事多磨，当遇到僵局时，如何利用它，使它变成争取成功的转机，就成为一个不可忽视的问题。

虽然人人都不喜欢僵局，但是别忘了，你的目的是为了取得谈判的成功，至于采用什么方式，就需随机应变了。当利用僵局有助于达到目的时，你倒不妨放开胆子试一试。

僵局容易使人产生沮丧的心情，表现出人性软弱的一面，动摇信心，甚至怀疑自己的判断能力，这是谈判者的大忌。这种时刻，别的竞争者只要再作点让步，就会抢走你的生意，于是僵局施加给双方的压力就更大了。

在出现僵局的情况下，往往更能试探出对方的决心和诚意。假如你能确定对方确有诚意要促成此次交易并希望打破僵局，那么你就可以适当采取一些积极的行动，稍作一点让步，抑或只是形式上的让步，就可以使对方看到你的诚意，这时往往就会出现转机，使对方的态度有所改变。但要注意，假如你发现这僵局有可能是对方故意制造的，你稍作一点让步便可以成为一个试探气球，如对方仍不松口，这时候你最好也能坚持下去，跟对方打持久战。

僵局如同其他战略一样，也是需要各方配合的，在没有上级支持的情况下，即使这种战略有效，谈判者也往往不愿冒这个险，因为出现僵局不易于向上级交差。所以，上级决策者应授命谈判人员使用这种战略，给他信心，使他能够利用僵局而获胜。更重要的是要让谈判者知道，绝不会因僵局的出现而置疑他的商业谈判能力。

但总的来说，对僵局的利用仍是一种置之死地而后生的策略，过于冒险。一旦就此僵住，怎样也打不开，就只好宣布谈判失败了。这恐怕是任何一方谈判者都不愿看到的结果。

许多谈判是因错误而中断的。僵持本身并没有错。卖方有理由因价格太低而不与某人做交易，买方喜欢把僵持作为一种战术来达到自己的目的。这都无可厚非。我们关心的是如何才能打破我们所不想看到的僵局。

以下 14 种策略可以避开或打破僵局：

（1）改变收款的方式。较高的预付金，较短的支付期，甚至在总金额不变的情况下，采用另一种不同的现金流形式，也会产生奇妙的结果。

（2）更换谈判小组成员或小组的管理人。

（3）变更不确定因素的时间顺序。例如，把协议中的某个困难部分推迟再谈，那时已了解了更多的信息。

（4）善于共担风险。有分摊未知风险的愿望，能够继续一场拖延下来的讨论。

（5）改变实施的时间进度。

（6）提出妥协，打破僵局。

（7）把讨价还价的重点从竞争转向合作。

（8）改变合同的种类。

（9）改变百分比的基数。一个较大基数的较小百分数或者一个较小基数的较大百分数可以使事情按设想继续进行下去。

（10）找一个调解人。

（11）安排一次最高级别会议或打一个"热线"电话。

（12）提供可选择的条件可能会缓解紧张形势，以利交易的进行。

（13）对技术规格或条件做些变动。

（14）设立一个联合研究委员会。

谈判的中断不总是由震惊世界的事件或者什么大的经济问题而引起的，如人的个性差异、怕丢面子、组织中的麻烦、与管理人的关系不佳、全然无力作出决定等都会导致谈判中断。在设法打破僵局时必须考虑人的因素，这是最关键的。

打破僵局很可能牵一发而动全身，所以必须慎之又慎。

掌握达成协议的技巧

谈判的双方，都希望能够迅速地达成协议。要想迅速达成协议，需要把握下列要点：

1.协议要包含对方的目的，并为对方所接受

一个协议的签订，不仅要包含自己所要达到的目的，而且还要包含对方需要达到的目的。影响协议迅速达成的第一个障碍，就是把对方谈判的目的看成是"对方的事"，因而置对方的要求和利益于不顾。此种观点最容易妨碍协议达成。如果希望协议迅速达成，就要抛开单方面考虑自己利益的狭隘思想，从对方的立场去考虑对方的利益，提出足以令对方心动和满意的方案，使他们容易抉择，谈判就能够迅速成功。

2.协助谈判对手找到签订协议的新理由

购销业务的最高决策虽然由高层领导决定，但直接坐到谈判桌边的却是谈判的代表——供销员，而不是某个经理或董事长，或者是所有的员工。因此，要设法使谈判代表找到迅速签订协议的理由。这个理由不是一般性的，应该是能够支持迅速达成协议的新理由。当谈判代表感觉到已经掌握了足够的新理由去说服经理和董事长的时候，他就愿意在协议上迅速签字。例如，经理未来估计会在某地区推销电视，但不确定具体时间。如果我方提示对方谈判代表，该地区不久将覆盖网络信号。这个新消息将给对方谈判代表一个新理由，用以说服对方的领导者，从而推动协议迅速签订。

可以使谈判代表找到新理由的因素极其广泛，包括各种各样的信息、新的理论、新的政策法令和规定、新的管理办法、新的营业方式等等。谈判

者的任务是为对方找到新理由，使对方信服。

3.从对方熟悉的、已有经验的问题开始

人们对自己熟悉的事物和已有的经验往往十分重视，也经常以此作参照的标准解决问题。在谈判的过程中，如遇到自己熟悉的条款，便能根据过去的经验迅速作出决定。因此，在谈判之前，尽可能了解谈判对手过去的谈判经历、决定问题的习惯、爱好、对问题的理解能力等，这是很有必要的。从最容易解决的条款入手，有助于增强谈判的信心，以便解决更复杂、更棘手的问题。

4.不要留过多的谈判空间

谈判时要注意成效，务必把注意力放在具有决定性的内容上，无须留下过多的讨价还价的余地。例如，一匹能跳过高栅栏的马，就不要再加高栅栏，不要待到跳不过去时再把它降下来。如果你的产品定价1元已经能得到满意的利润，就不要开价1.5元，待到对方还价0.8元，然后请对方"再往前走一步"，以1元的价格成交。这种做法并不是聪明的。制定协议条款不要太苛刻，努力作出实质性的决定，减少讨价还价所浪费的时间和精力。

5.多拟订几个协议方案

在谈判中多拟订几个不同目标的方案，几种不同的执行办法。这不仅是科学决策的要求，而且也是迅速达成协议的需要。有了这些方案，就可以将其分为主要协议和次要协议两种。当前者很难达成协议时，就可以选考虑较少的、程度较浅的次要协议。次要协议的解决，将有助于主要协议的解决。

主要协议和次要协议的区别表现在：

（1）全面性的与局部性的。

（2）全面性的与局部性的。

（3）永久性的与临时性的。

（4）有约束条件的与松散的。

在协议难以达成时，不仅可以考虑改变协议的强度，而且还可以改变协议的范围。

除了上面所说的几点外，在谈判过程中，要根据实际情况及时地拟订另外的方案，以利于协议迅速达成。

第十五章
保证营销通路的渠道管理

适当简化供应链上的环节

ECR，即"有效客户反应"，是 1992 年从美国食品杂货业发展起来的一种供应链管理策略。20 世纪 80 年代末 90 年代初，ECR 的概念被提出，它主要是指生产商和零售商为消费者提供服务的概念。

宝洁公司总裁曾说过一句话，ECR 的原则就是生产商和零售商在一起工作，能够把在价值链上没有价值的部分和成本从系统里拿掉，通过更有效的管理，给顾客带来更高的价值。ECR 第一个阶段主要贯彻了这个想法，优化价值链和提升消费者价值。在没有 ECR 之前，生产商和零售商之间的文件就很多，比较复杂，很多的票据，生产商到门店做结算的话，要拿很多的单据，要对票，要核算，效率很低，商品数很多，门店里什么商品都有，同时有很多不好的、错误的交付品等，而且冲突很大，可能发生争吵等。ECR 的出现就使得这个管理流程被梳理得更清楚。

通过 ECR，使价值更高，在满足顾客的同时，利润和销量都有了很大的增长。ECR 首先在美国成功了，后来就推广到欧洲。欧洲供应链管理协会的调查报告显示，在接受调查的 392 家公司当中，制造商实施 ECR 后，预期销售额增加 5.3%，制造费用减少 2.3%，销售费用减少 1.1%，仓储费用减少 1.3%，总赢利增加 5.5%。而批发商及零售商也有相似的获益，销售额增加 5.4%，毛利润增加 3.4%，仓储费用减少 5.9%，平均库存减少 13.1%，每平方米销售额增加 5.3%。

ECR 系统的构筑还有一个从传统 ECR 向定制 ECR 发展的过程。传统 ECR 引起供应链上成员企业的利益冲突，制约了 ECR 的进一步发展。因而提出定制 ECR，通过刺激客户需求并有效满足需求，提升客户价值，实现成员企业共赢。随着时代的进步，定制 ECR 成为进一步完善 ECR 的关键领域，也是企业下一步制订合作方案的主要环节。在定制 ECR 的实施过程中，围绕刺激客户需求这个实施重点，经营者应首先进行客户分析，然后再制定 ECR 战略。客户分析主要分为以下两个方面：

1.客户需求分析

定制 ECR 的关键任务，是找出客户需求中个性化因素的基础。通过对大量消费者的调查，得出客户需求的特点是：

（1）方便——不想将超过所必需之外的时间花费在购物上。

（2）提供建议和解决方案——购物不仅仅是为了补足所需的商品，还要寻求一种能满足需求的解决方案。

（3）信息——不仅需要关于产品的营养成分、原材料等方面的信息，而且还需要关于产品的特定信息，如产品何时送达消费者、送货方式等。

（4）价值——需要获得与所支付价格相对等的价值。

（5）娱乐——如果客户每周将花费几个小时在商店里，那么他们希望在那里能获得刺激，提升兴趣。

（6）控制——这也是最重要的，客户想要自己决定购买的时间、地点和方式。

2.进行有效的客户价值分析

由于定制 ECR 模式为供应链管理带来了信息的充分共享，因此获得客户需求的各种信息并不困难，关键是如何利用这些信息进行有效的价值分析，使其为企业的正确决策作出贡献。因此，应对所获得的上述信息进行全面的分析和提炼。

客户价值用产品质量、多样性、企业信誉、服务以及需求反应时间、产品价格等指标加以量度。在定制 ECR 的实施过程中，供应链上的成员企业通过上述所表述的各因素产生作用，最终影响并提升客户价值。

现在国内大的零售商，如联华、华润万家等，都几乎在用ECR。由于在流通环节中缩减了不必要的成本，零售商和批发商之间的价格差异也随之降低，这些节约了的成本，最终将使消费者受益。除了这些有形的好处以外，还有一些对消费者、分销商和供应商有益的隐性利益：对于消费者，增加了选择范围和购物的方便程度，减少了缺货单品，产品更新鲜；对于分销商，提高了消费者的信任度，对顾客更加了解，改善了和供应商的关系；而对于供应商，减少了缺货，增加了品牌信誉，改善了和分销商的关系。可见，简化供应链上的环节对于企业的运营以及收益有着相当大的好处，这是非常值得企业借鉴的管理策略。

促销规范是控制价格的关键

宝洁公司的营销策略历来被视为经典。2000年度宝洁公司在中国的销量已高达100多亿元人民币，城乡密布、立体式营销网络成为宝洁在中国的一笔巨大财富。这一系列巨大成功的取得，无论是宝洁公司还是业内专家，都不能否认经销商发挥的作用。

宝洁公司代理营销策略的制定和成功执行，保证了宝洁全部品牌产品以最快的速度分销至终端卖场和消费者手中。但面对新增同类产品激烈的竞争，宝洁公司的经销商之间有时也会爆发严重的价格战，从而削弱了宝洁品牌在中国市场的领先地位。

1999年，基于国内妇女卫生巾产品的竞争趋于白热化，宝洁公司制定了针对护舒宝品牌的渠道促销策略：经销商在一定期限内让蓝色护舒宝的销量达到10万件，奖励一辆新款高档轿车（折合人民币36万元），以求带动经销商的销售积极性。

对经销商的这一促销策略一下达，全国经销商几乎在一夜之间采取了近乎完全相同的方式，将 36 万元轿车款以价格的形式折扣在护舒宝产品的渠道价格中，护舒宝全部产品短短几天之内价格产生巨大变动。

护舒宝在卫生巾市场中的高档品牌形象一夜之间因价格的骤降大打折扣。护舒宝经销商的价格战使经销商能迅速完成宝洁公司下达的 10 万件销售任务，宝洁公司的促销车辆款也落到了经销商手中。

价格战一旦开始，全部经销商都只好应战。由于经销商过量提货，造成蓝色护舒宝在销售渠道中大量积压，而终端的价格战使蓝色护舒宝形象严重受损。从那以后，市场上再也见不到为消费者所熟悉的蓝色护舒宝，取而代之的是需要消费者重新认识、接受的绿色护舒宝。

这是宝洁的销售策略引发的经销商的价格战。但即使在宝洁产品正常的营销过程中，经销商之间的价格战也时有发生：同类宝洁产品山西市场的经销商批价为"出厂价"，而河北市场的经销商批价是"出厂价扣 3 点"，同期洛阳市场的经销商批价是"出厂价扣 5 点"。

宝洁公司严禁经销商异地窜货，但无法禁止两批客户的自由购货权。下游批发商，"择价而选"而不是"择服务而选"，使本来依靠优质服务、良好配送能力吸引客户的经销商不得不"以价格应战"。

渠道的管理没有搞好，促销不规范，势必会引起价格混乱，就像宝洁的渠道促销多搞几次，价格就会越卖越低，经销商卖产品几乎不赚钱，因为产品的价差越来越小，而价差是经销商主要的利润保障。经销商不能通过价差赚钱，就只能依赖厂家的赠品、促销品来赚取利润。如此形成恶性循环，价格越卖越低，中间价差越来越小，经销商的中间利润就越来越少，经销商也就越来越依赖厂家的赠品等物质奖励来赚钱了。

更严重的是，一旦厂家停止对经销商的物质刺激，经销商就会无钱可赚。在这种价格"卖穿"的情况下，厂家要保证经销商的利润，只有两种选择：

一是把给经销商的供货价降下来，扩大或恢复中间价差，保证经销商的合理利润；二是仍然连续不断地给予经销商各种物质奖励，补偿经销商丧失的中间利润。

企业原本想通过刺激经销商来销售更多的产品，但刺激的最终结果是导致价格"卖穿"，经销商不愿意再销售你的产品。究其原因，都是厂家自己造成的。所以，单纯靠向经销商"压货"来提高销量，只会把终端压死，最后反而减少了销量。

这种"强心针"式的渠道促销虽然能创造即时销量，而实际上，产品只是滞留在渠道中间环节，并不是最终被消费者消化了。这只是对明日市场资源的提前支取，是寅吃卯粮的销量透支行为。

其实，厂家要想切实控制价格，必须从管理渠道开始，只有让渠道规范，才能真正地控制价格。规范渠道最重要的就是要改善系统管理，可以采取以下做法：

（1）必须按争夺市场的要求展开协同，必须按有效出货、减少存货以及控制费用的要求展开协同。

（2）提高产品的竞争力。对于老产品，要加强产品系列的整合，明确一个时期的主打品种，一波一波，有节奏地冲击市场，同时在质量、外观包装以及定价上，要强过对手；对于新产品的开发，要突破原有的思维定势，努力创新，同时加强新品推出市场的系统策划，以及有计划地展开市场推广。

（3）加强市场信息的反馈。加强对一线进销存数据的采集、整理、传递与统计分析。依靠数据制订生产与供货计划，有效地衔接产销量，减少产销矛盾，减少商品供应上的过多与不足的矛盾。

（4）强化高层专业职能部门的功能。确保计划、营销、财务、配送与人力资源等子系统运行顺畅，尤其要强化总体策略制定的功能，确保将有限的经营资源配置在产生成果的方向上，与对手展开竞争。

（5）促销时，必须通过程序与管理规范，进行有效控制，提高整体运行的效率，提高公司价值链的赢利能力。

让渠道与企业一道去赢得竞争的胜利

企业开发市场、发展代理商也是为了利而已，但企业在为利的同时不要忘记了合作伙伴或对手也同样是为了利。经销商为什么愿意经销企业的产品，因为有利可图，他们能够从销售中获得自己的利益。企业与经销商打交道首先要明确这个最基本的出发点，然后因势利导并合理利用好双方的资源，帮助经销商赚钱，帮助他们成功，企业才能获得成功。

厂家在对销售终端进行激励时，因其数量多、分布广，会有鞭长莫及之感。因为不好对其进行管理，很多厂家都很头痛，一般的激励措施，如返利、折扣等，效果都不尽如人意，那不妨试一下"超级目标法"，通过帮助终端树立超级目标来达到激励和帮助终端成功的目的。

1997 年，全球最大的感光材料生产商柯达公司斥资 12 亿美元全面启动中国投资计划，大力培育快速彩扩店网点，以求将具"半成品"性质的胶卷变成顾客满意的照片。到 2000 年年底，柯达已在中国 250 多个城市拥有了 5500 余家专业冲扩店。相比之下，其竞争对手乐凯的冲扩店数目仅仅在 2000 家左右。

在铺设零售终端时，柯达公司推出了"轻松当老板"计划，面对小本创业人士，柯达承诺"八九万当老板"。中小投资者只需投资 9.9 万元购置柯达的彩扩设备，便具备了开设彩扩店的基本条件。其后由柯达提供包括商圈分析、店面设计、品质控制、技术支援、培训、促销和零售管理在内的全方位协助，直至正式营业。加盟冲扩店用柯达的产品与品牌获得了丰厚回报，而柯达也获得了覆盖式的零售终端与广告效应，双方各取所需，合作愉快。

实施了这一计划后，柯达为经销商打开了创业天地，使之掌握了谋生之道，赢得了经销商的忠诚与信赖。据了解，许多柯达冲扩店业主不愿冲洗富士、乐凯等品牌的胶卷，甚至不愿在店内出售这些品牌的胶卷，自觉地将自己视为"柯达的一员"。由此看出，切切实实为经销商带来一份长远利益的激励效果要远远高于单纯地给予经销商价格折让。

柯达公司的这一"轻松当老板"的终端激励法，将企业自身发展与中间商的发展融为一体，这无疑是对设立超级目标的最佳脚注。当渠道面临对手竞争时，树立这样的超级目标是团结渠道各成员的根本途径，能够激发出渠道活力，共同赢得竞争的胜利。

帮助经销商取得成功，企业应做好以下几步工作：

首先，要结合实际为经销商做前景分析，让他们看到希望，并能够全身心地投入到市场开发工作中。

其次，要了解经销商的经营品类，并一起分析各品类在销售中所占的地位和资源耗费。帮助经销商搞清楚各产品的投入产出比例是否合理以及下一步的工作重点。进行了品类分析后，要结合自己的产品进行市场分析。作为当地市场的新进入者，一般有自己独特的卖点，此时就要结合实际对市场容量进行大致的调研，找出同行的卖点和市场份额，然后根据自身产品的优势确定竞争策略和目标市场计划。通过此番工作，要让经销商看到明朗的市场前景和公司销售规划的专业性，这样在利益的驱使下，经销商就会积极工作。

最后，要和经销商一起制定市场开发计划和资源投入规划。在资源投入方面，切忌让经销商单方面投入，公司一定要协助经销商。因为开发任何一个新市场都不容易，靠单方面的力量，难以达到想要的效果，所以在公司政策允许的范围内一定要多支持经销商，让他们以最小的投入、最快的速度获利。获利后的经销商会更加感谢公司，也会更加忠诚，这样才会有更大的资源投入市场，市场才能得以不断地发展和巩固。作为公司，赢得市场也就赢得了忠诚的经销商，赢得了经销商的忠诚也就赢得了市场的稳固发展，帮经销商赚钱何乐而不为呢？无论何时，切实做到给经销商一份长远的利益，这种激励方式将会是最好的。这也是一些渠道管理者们最需要下功夫去做的。

多多利用八二法则

越来越多的企业或商家发现，80%的收入是由20%的重点客户带来的，有些甚至90%的赢利是由不到10%的客户创造的。虽然这对于不同企业而言并不是绝对的数字，却反映了一种态势，那就是重点客户对企业的价值。

企业永远都是为利润而战，这个80/20的比例规律揭示的道理就导致了越来越多的企业把目光聚集在重点客户身上。在渠道管理中，更多的人纷纷把重点客户业务的发展提升到公司生存和发展的较高层面上，千方百计地去服务好重点客户，去争夺重点大客户，因为他们知道一旦失去了这20%的客户，那几乎就意味着100%的公司利润都将丢失。

花旗银行到中国拓展业务的最初阶段就是一个很好的例子。当时该银行在上海作出了一项规定：如果储户在该行的存款不足一定金额，那么花旗银行将按照有关规定收取一定费用。这项规定虽然没有在整个上海市引起轩然大波，但还是在很多上海市民心中产生了相当大的震动。长期以来，我国老百姓对于到银行存款，都已经形成了一个传统观念，即到银行存款就会获得或多或少的利息，这是天经地义的事情。可是如今，花旗银行居然开创了让储户倒付给银行费用的先例。

当时很多上海媒体都带着市民的疑问去采访花旗银行上海分行的负责人。花旗银行作出了这样的解释：因为储户在银行存款时，银行要承担相应的风险，所以理应收取一定费用。

许多金融界的人士都知道，储户的储蓄金额太少时，这部分存款根本无法通过银行进行有效流通。这样的话，银行不仅不能利用存款获利，而且还要承担相应的风险。

由此看来，花旗银行的解释是有道理的。当花旗银行开创了这一先例之后，当时国内的很多银行纷纷效仿。之后，上海的储户也渐渐接受了银行的这一规定。

虽然当时效仿花旗银行的国内银行很多，可是明白花旗银行这种做法真正用意的银行却寥寥无几。

原来，花旗银行并非是要通过这种做法来降低运营风险，因为小储户的那点零零星星的费用对于银行来说其实是微不足道的。

那么花旗银行的真正用意到底是什么呢？其实花旗银行是要通过银行严谨的数据库统计体系分析出哪些客户是大客户，哪些客户是普通客户，然后通过分析结果采取相应的措施对重点客户进行重点管理。

弄明白了花旗银行的做法的真正用意后，我们不得不佩服他们的精明。正因为80%的利润都是来自这20%的重点客户。

在渠道沟通中，要用80%的时间去倾听，用20%的时间去说服。

我们有两只耳朵、一张嘴巴，就是要让我们少说多听。与客户沟通的一个秘诀，就是用80%的时间去倾听客户的讲话，用20%的时间去说服客户。如果在客户面前，80%的时间你都在唠叨个不停，有效沟通的希望将随着你滔滔不绝的讲解，从80%慢慢滑向20%。而客户的拒绝心理，将从20%慢慢上升到80%。

当有新产品需要你向客户推销时，要取得推销的成功，80%来自交流、建立感情的成功，20%来自演示、介绍产品的成功。如果你用80%的精力接近顾客，设法与他们交友，这样，你只要花20%的时间去介绍产品，就有80%的希望了；假如你只用20%的努力去与顾客谈交情，而用80%的努力去介绍产品，那么八成是费力不讨好的。

在渠道管理中，企业在 20％的人身上投入的时间和精力远远超过其他客户。因为他们是重点客户，所以企业通常要花费很多的人力和物力来管理这种关系。此外，需要特别强调的是，这些客户具有很强的谈判能力和讨价还价能力，所以公司必须费尽心思，花费更多的精力来与他们沟通。

第十六章

确保企业正常运营的债务管理

关注客户的经营状况

与客户做生意，必须对其经营状况有所了解，及时把握客户的动向，根据情况判断是否可能出现"呆账"，以减少公司的损失。一般来说，管理者应该让自己手下的业务员注意以下几点：

1.不正常的订货

一位优秀的业务员，平时应深入了解经销店的销售能力、库存数量以及当前的市场情况，以便心里对该经销店的每月进货量、进货种类、进货时间等都有个概算。对于经销店的不正常订货，应深入了解。例如，一向精明的经销店管理者，却选择较不利的时间订货（如结账的前几天订货），并且订货量超出其以往的销售量甚多。遇到这种情况，业务员必须有所警觉，除非查知其订货动机纯正，否则应暂时中止，一方面再深入调查，另一方面观察其反应与变化。

2.货物流向有问题

如果某经销店生意并没有比以前好很多，但最近向公司进的货一下子就不见了，而且订货次数增加。此时，业务员要注意该经销店是否"转售同行"。

3.削价求售

经销店的削价求售，依正常情形，显然是赤字经营。这种经销店虽未必于近期内倒闭，但是长期以债养债，当宣布倒闭时，其倒账的金额可能高得出乎意料。因此，若经销店存在长期削价求售的赤字经营状况，则其征候已明，长痛不如短痛，这时必须选择最有利的时机，结束这一交易关系。例如，利用其他厂牌大量供货而尚未收款的空当，诱使其提前付款再终止往来，或以最保守的方式往来。

4.不正常的经营方式

如果经销店不是以正常经营而获得利益，而是以迂回方式获利。例如，以削价转售换取现金，然后转放高利贷，试图用这种方式谋求高额的利润，等等。这些不正常的经营方式，风险太大，应趁早终止交易关系。

5.不务正业

有的客户的经营规模较小，如果再转投资或兼营其他行业，那么在财力和人力上显然较勉强。万一他失败了，则公司必然成为他倒账的对象。在这种情形下，必须缩减给这家经销店的出货量。

6.私生活不正常

管理者除了应兼具财力、经营管理能力外，更重要的是要投入心力。如果经销店的管理者过度沉迷于吃喝嫖赌，终日不是精神萎靡就是不专心业务，严重的甚至引发家庭纠纷，搞得鸡犬不宁，或是债台高筑，不得不铤而走险。若经销店已经出现了这种不合乎经营条件的情况，就应该缩减出货量，进而终止交易关系。

7.延期付款

如果某经销店的货物消化速度很快，没有什么库存，但付款却一延再延，则显然其财务结构不良，应小心防患于未然。

8. 会计人员突然离职

若某经销店的财务出现问题，则最先惊觉到大势不妙的必然是会计人员。因此，当会计突然离职时，业务员须赶紧追查该会计人员的离职原因，同时从多角度衡量该经销店财力是否有问题。

9. 管理者仪容不整、精神萎靡

如某经销店管理者一向仪容整洁、精神饱满，最近却一反常态，突然变得仪容不整、精神萎靡。经查证，并没生病。此时，业务员就要特别注意该经销店的财务状况。

10. 风评不佳

被同业批评得一无是处的经销店迟早会出问题的。因此，当业务员一听到某经销店有不稳的风声时，必须抢在别的厂牌之前"束货"，同时赶紧收款。

11. 突然转变态度，对业务员巴结讨好

某经销店管理者一向趾高气扬，最近却突然一反常态，对业务员巴结讨好。此时，业务员须调查其背后是否隐藏着"信用红灯"的危险。

12. 进货量突然大增

此时，业务员须注意该经销店是否有恶性倒闭的企图。

13. 管理者经常不在

某经销店管理者突然经常不在店中，早出晚归，找不到人。此时，业务员要增加拜访次数，查出管理者经常不在是否和"信用红灯"有关。

14. 对公司过分捧场

某经销店与公司的交易量一向不算多，最近却一反常态，对公司非常捧场，进货量增多，连公司不畅销的产品也大量进货，对品质也不再计较。此时，业务员须提高警惕，深入求证该经销店是否有倒闭的可能。

15. 第六感觉

一位优秀的业务员因时时观察、分析周围环境的变化，久而久之，似乎对环境有洞烛先机的第六感觉。这种感觉也许是感觉到经销店的产品陈列变得毫无动感，布满灰尘；或者是管理者、会计人员死气沉沉或阴阳怪气。也可能看到完全相反的一面，一向少言少语的管理者忽然变得热情豪爽，店内陈列忽然变得夸张显眼。当业务员走入经销店时，如果有不祥的第六感觉，应该相信自己的第六感觉，立即暂停出货，赶紧收款，并立刻着手求证。

产生债务纠纷的原因

债务纠纷的产生不是无缘无故的，一定有它的原因。那么，在企业的经营过程中，产生债务纠纷的原因有哪些？

1. 存在争议

法人作为债务人，因其是为一定的经济目的而存在，因而法人之间的债务纠纷，一般是债权人与债务人之间对债权债务的某一方面存有争议。这种争议可由一方过错而造成，又可因双方过错而造成，也可因一方认识错误而造成。

对此种情况，因债权债务人双方同为一定的经济目的，通过摆事实、讲道理分清是非，一般可以解决。若双方协商不成，可通过调解仲裁和诉讼，达成协议或裁决，一般比较容易执行。处理这类债务，一定要抓紧时间，避免损失过大，否则给解决纠纷造成困难。

2.无力偿还

法人作为债务人，由于种种原因，已无力偿还债务。造成无力偿还的原因，有自身的，如经营管理不善、拆东墙补西墙、挥霍浪费、各种经济联合体或私营企业内部产生纠纷等；也有外部的，如市场物价变化、计划改变、上当受骗等。债务人对债务的心理可分为积极的——想方设法偿还债务；消极的——无动于衷，漠然处之。对于积极的债务人，可尽可能地帮助支持，争取让债务人早日清偿债务。对消极的债务人应施加压力，尽快采取法律手段。

3.故意拖欠

故意拖欠是指有偿还能力的法人寻找种种借口，拖延履行义务。在实践中，经常遇到的是债务人声称无履行能力，或答应履行但到期变卦；也有胡搅蛮缠，听起来好像自己不但不应履行义务，反而还受到了损失。故意拖欠还有一种常见的表现，就是推躲不见讨债人员。

这类债务人的心理是：能磨就磨，能拖就拖，能少还就少还，不见棺材不落泪。对故意拖欠者，除了采取强有力的措施使其感到不履行义务对自己的经营活动有影响、对个人在声誉道德方面有损害外，申请法院强制执行是最有效的方法。

4.存心赖账

存心赖账，根据其赖账心理形成的时间不同，可分为一开始就准备赖账，在变动过程中有机可乘赖账，根据讨债者的情况赖账三种。

这三种赖账一般表现为：拒不承认其义务，强词夺理，寻找债权人的缺点，或干脆外逃难寻。一旦发现债务人有赖账的动机，就要引起高度重视，即请求国家机关处理，同时收集必要证据，不给债务人可乘之机。

5. 蓄意诈骗

蓄意诈骗，是指诈骗人一开始就以骗取财物为目的，企图利用合同纠纷等合法手段，达到非法目的。对此类债务人，万不能让其抓住债权人讨债要款心切的心理，或与之妥协甚至为其掩盖罪行。这样做的后果，非但不能达到讨回欠款的目的，反而给讨债增加了难度，使其越发猖狂。

实际上，债务人的境况和心理相当复杂，而且处于不断变化之中。在此难以举例，但需提出的是：当债务主体是公民或公民利用法人名义而实际债务人是公民时，债务人躲藏外逃甚至被关押、判刑的情况屡有发生，给讨债带来了巨大不利。对此，讨债人员的决心和意志对讨债起着重要作用。

另外，在实际中，还会遇到债务人死亡的情况。债务人死亡后债务由谁承担，法律对此有规定，继承人继承其财产的，同时应承担被继承人的债务。继承人放弃继承的，可以不承担被继承人的债务。如果债务人生前已将其财产以各种方式交给了第三人，在可能的情况下，法律规定应当返还债权人财产，债权人就应努力追讨。

对付欠款人的绝招

假如你的信用审查系统存在一些漏网之鱼，下一步你要做的就是请这方面的专业人员来收这些呆账了，最好大家先好好协商，尽量不要伤了和气，尽量不要做出过激的行为。催款时受了气，再想办法出出气，甚至做出过激的行为，此法不可取。如果能有一线希望，都不要与客户撕破脸皮，避免加大收款难度。通过友好的协商，收回应收款才是上上之策。但是，此时千万不要一错再错，自己扮演起讨账的角色，免得一些局面不好收拾，这是企业常常犯的错误。

对大多数的小企业来说，一次次相信不良经销商的谎言，在等待中一次次失望。应收款回款的时间被拖得越久，就越难收回。国外专门负责收款的机构的研究表明，收款的难易程度取决于账龄而不是账款金额，2年以上的欠账只有20%的概率收回，而2年以内的欠账有80%的概率收回。

无法讨回应收款时，要当机立断，马上终止对这类经销商供货，特别是针对那些"不供货就不再付款"的威胁；否则，只会越陷越深。

一般来说，超过付款期限3个月以上的账，就要交给律师来处理。对大多数的呆账来说，90天是一个比较合理的容忍期限。

一旦形成呆账，就要尽早将呆账交给律师处理，这样才越有机会收回欠款，超过一年以上的债款特别难催讨。

总之，赊销是风险很大的一种交易方式，必须对赊销进行有效的控制。如果呆账既成事实，那么对付呆账，面对那些故意不付款且赖账的客户，企业就应拿起法律的武器，维护自己的合法权益。

第十七章
实现资本转换的融资管理

引进资本可实现产业突围

2008 年 7 月，广东万和集团以 1 亿元资金注册的顺德首家民营专业性风险投资公司——硕富投资正式挂牌运作。传统制造企业试水风投，对万和来说这并不是什么新鲜事，因为万和已在资本市场闯荡 15 年了。

早在 20 世纪 90 年代初，万和集团总裁卢楚其就看到了一个大趋势：中国制造已经兴起，金融业和制造业紧密相连，但是中国内地只有七八家银行，但中国香港有上百家银行，中国内地如果办银行肯定是大有发展的。因此，卢楚其于 1993 年出资 600 万元参与发起设立中国民生银行——中国首家主要由非公有制企业入股的全国性股份制商业银行。

万和集团也有过投资失败的经历。1999 年，万和集团与海南立德产业有限公司合作经营。海南立德向万和转让其下属的一家信息产业公司国科兆信 40% 的股权，万和集团落入了对方设下的投资陷阱，有 5000 万元的转让金及 5000 万元的银行保证金被这个项目牢牢套住。后来，经过长时间的法律诉讼，万和挽回了 8000 多万元资金，最终损失 2000 万元左右。由于 1 亿的资金被套牢 2 年，万和失去了一个极好的投资机会。这件事情的发生让万和获得了宝贵的经验和教训：做企业最为重要的就是规避和控制风险，作为投资者，不仅要想到好的收益，更要想到最坏的结局。

万和集团不仅有上述抓住赢利机会的投资，还有一次以渡过危机为目的的投资。1992 年，卢楚其研发出中国第一台超薄水控全自动燃气热水器，从供应商向生产商转变，组建万和集团。但同行相互间恶性的竞争使得燃气用具这个行业几乎无利可图。作为集团的主营业务，即便是零利润，万和也没有退路。卢楚其坚信，通过行业的优胜劣汰，三五年后燃气用具的利润肯定会恢复到一个正常水平。万和需要确保自己能在残酷的生存环境中生存下来。万和的策略是借助资本运作实现产业突围，提升品牌影响力并向其他行业渗透。

2002 年，万和收购海国投实业股份有限公司，进入航运等领域。2005 年，万和再次斥资并购鸿特精密压铸有限公司，进入汽车零配件产业。卢楚其认为，汽车零配件在中国刚刚兴起，2003 年的汽车零配件业就像是 20 世纪 80 年代末的家电业。另外，万和同为制造业出身，相关的生产和管理经验都能够直接复制和移植到汽车零配件业。之后，万和的航运和汽车零配件产业开始实现赢利。这些多元化经营，帮助万和主业——燃气用具度过了这生死攸关的三五年时间。2008 年，万和集团公司拥有全资企业 3 家、控股企业 3 家、参股企业 2 家，员工近 5000 人，固定资产达 10 亿元。这其中资本运作起到了很大的作用。

对付外患靠资本收购，对付内忧靠股权改造。卢楚其为了应对企业内部体制和管理的危机，逐步着手万和集团股份制改造，形成了"家族核心控股＋职业经理人参股"的产权模式，创造性地解决了集团对立的"发展问题"与"安全问题"（卢氏家族对万和的控制力）。

卢楚其说："如何避免发生股东之间的纠纷，这就是怎么选择合作者的问题。这个是最困难的事情。你别看我两个弟弟一个徒弟，应该都听我的，但是他们也有他们的思想，所以不可避免会有不同意见的时候。这样的关系就像一只领头羊和一个羊群的关系。领头羊要冲在前面，有陷阱的话，它肯定是要首先掉进去的，它要义无反顾地一直领着这个羊群以最快的速度奔跑。在这个过程中，建立羊群对它的信任。但是如果你这个领头羊碰到陷阱，就放一只羊先去跑，那早就完蛋了。为什么有人做不了领头羊，因为有好处就先自己捞了。"

资金是企业的血脉，很多企业就是倒在了资金链"失血"上面。在企业遇到困难的时候，融资显得尤其重要。这个时候引进资本，是实现产业突围的重要路径。

掌控股权有利于抓住企业根本

史玉柱认为，对于公司的股权，只有牢牢掌控，才能抓住企业的根本，不至于陷入被动的境地。他说："我从此再也不搞股份制了。母公司一定是我个人所有，下面的分公司我可以考虑控股。"

之所以如此坚决，源于他的前车之鉴。1989年8月底至9月初，经朋友介绍，史玉柱招聘了三名员工。到10月份，其中一名员工说："我们每个人都应该持有股份。大家应该将赚到的钱分掉。"史玉柱不同意，主张继续打广告。他对员工说："股份的事情可以商量，但每个人25%不可能。软件是我开发的，启动资金是我出的。我至少应该控股。可以给每人10%～15%。"但是，其中两位员工嫌太少，闹僵之后，史玉柱非常愤怒，将电脑摔在地上。三名员工中，管财务的员工没有参与这次股权纠纷，另外两名员工只好抱着剩下的几台电脑和打印机，灰溜溜地走了。

这次经历对史玉柱的影响很大，他坚持认为，以后所有的"根公司"必须自己一人独资。对高管，他采用高薪加奖金的形式，从不许诺股权。他说："后来我就给我的高管们高薪水和高奖金，就是给比他们应该得到的股份分红还要多的钱，但是不给股权。我认为，这个模式是正确的，从此以后，我的公司就再没发生过内斗。"

股权集中的重要性在史玉柱心中始终是不容动摇的。2001年，他复出之后，在央视《对话》栏目中谈道："民营企业，开创初期不能股权分散，凡股权分散的企业，最后只要这个公司稍微一有起色，从赚了第一笔钱开始，马上就不稳定，就要开始闹分裂，很多企业垮掉，不是因为它长期不赚钱，而是因为它赚钱，马上就垮掉了。"

万通董事长冯仑也认同这一观点，他说："企业第一阶段都是排座次问题，第二阶段是分经营问题，第三阶段是论荣辱问题，所以我同意史总的意见，一开始产权相对集中，有利于企业的稳定。"

事实上，股权集中并非百利而无一害。史玉柱也意识到股权过分集中，在企业稳定发展的阶段对企业发展会有不利的影响。他表示："（珠海）巨人没有及早进行股份化，直接的损失是最优秀的人才流失，更严重的后果是，在决策时没人能制约我，以致形成家长制的绝对权威，导致我的一系列重大决策失误。（珠海）巨人的决策机制难以适应企业的发展。巨人集团也设立董事会，但那是空的。我个人的股份占 90% 以上，具体数字自己也说不清，财务部门也算不清。其他几位老总都没有股份，也无法干预我的决策。总裁办公会议（虽然）可以影响我的决策，但拍板的事基本由我来定。现在想起来，制约我决策的机制是不存在的，这种高度集中的决策机制，在创业初期充分体现了决策的高效率，但当企业规模越来越大、个人的综合素质还不全面时，缺乏一种集中决策的体制，特别是干预一个人的错误决策乏力，那么企业的运行就相当危险。"

虽然史玉柱看到了股权集中的弊端，但他认为股权的过分分散，对于企业的发展也有很多坏处。对于新浪较为分散的股权，他发表了自己的看法："太分散了对企业长期发展不好，我觉得它（新浪）现在需要一个大股东，就像张朝阳、丁磊那样，但它现在形成大股东难了。那些很有钱的，比如说基金，进来对它帮助并不大，我觉得它需要一个灵魂人物，这个灵魂人物是个大股东。它现在盘太大了做不到。"

史玉柱进一步总结了股权在企业发展的各个阶段的作用，他说："企业小的时候，就是一个人决策。企业中等规模的时候，它就要靠一个小的集体来决策。企业再大了，就按上市公司的规则来做。最终一个企业真要做大，它必须要把这个公司社会化，就是上市，让社会成千上万的人持有它的股份。"

事实上，随着股份制在中国的快速发展，史玉柱的初衷也有所改变。在史玉柱涉足网络游戏行业后，他在巨人网络中大约占 2/3 的股份。刘伟、张路、何震宇、宋仕良、袁晖、汤敏、陆永华都拥有股份，这些都是长期跟着史玉柱的人，他第一次采用股份制的方式和他们合作。也许这个改变是因为史玉柱想更好地激发他们积极性；也许是觉得这么多年了，应该给旧部一次总回报。但母公司巨人公司仍然是史玉柱独资，巨人网络在上市之后，才使股份制发挥了它最大的作用。

上市不一定是为了圈钱

百丽集团旗下拥有百丽、天美意、真美诗、思加图等十大鞋类品牌的4000 多家连锁店，同时也是耐克、阿迪达斯在中国最大的运动分销商。百丽于 2007 年 5 月在香港上市，短短 3 个多月，百丽的总市值已逼近 800 亿元人民币，悄然超越国美，一举成为港交所市值最大的内地零售类上市公司。百丽集团作为一家从产品设计和开发、生产，到营销和推广、分销和零售纵向一体化的鞋业，此次只是把零售连锁店的资产全部装入上市公司，并在招股书中表明会将募集资金主要投入到零售店面的扩张计划之中。

在百丽随后展开的系列并购中，以 16 亿元并购森达集团最为业界瞩目。以一线城市为主要市场，以主营女鞋为主的百丽收购以生产男鞋为主的森达，对国内分散的鞋业竞争格局产生了深刻影响。这提高了百丽在消费市场的覆盖率，增加了百丽的整体收益和利润，以及进一步巩固其市场地位。

"最近睡不着了，"奥康集团董事长王振滔说，"原来觉得大家目标客户不同，所以没什么担忧。但前几天我带团队去百丽参观，我突然发现百丽已经在大力推广自己的男鞋了，做女鞋的百丽一只脚已经伸到我们男鞋这里来了。"

据中国行业企业信息发布中心数据显示，森达在 2006 年中国十大鞋品销售收入名列第五，这只北方的老虎被百丽并购激活后更加凶猛，这震惊了中国鞋企，也极大地刺激了中国鞋业品牌上市融资后进行扩张的欲望。

其中，触动最大的当是有"中国鞋都"之称的温州。这个拥有约 2200 家制鞋企业，其中规模以上制鞋企业 526 家，销售年收入亿元以上企业 64 家的"中国鞋都"，目前竟没有一家企业上市。对上市的不热衷，或许与温州人的天性及所处的创业氛围有关——温州人市场嗅觉敏锐，但同时为人谨慎、低调，因此一直对实业偏爱有加，而对资本运作关注较少，因而理解不深也不感兴趣。

2007 年 9 月，作为内地最大的民营制鞋企业奥康与全球最大的战略管理咨询公司之一科尔尼结成战略联盟，为登陆港股"备战"。"资本市场大热之时，内地鞋业市场正从产业经济向资本经济转变，市场份额的进一步集中已可预见。"王振滔表示，在这个追求速度的时代，温州制造企业也开始考虑资本的力量。

彼时的温州市上市办上市工作处处长陈基义认为："上市并不是为了'圈钱'，很多民企逐渐意识到要想把众多资源聚集起来，最有效的方法就是资本运作。"温州鞋企如奥康、红蜻蜓、康奈、意尔康等这些一线品牌均具备上市的条件，因为品牌知名度、产品研发、产能、品质、渠道掌控、销售网络、终端形象、资金、人才储备以及赢利能力都比较强。百丽的上市与并购，让温州鞋业老板认识到企业只有借助上市学会资本运作才能做大做强，才能继续在市场中生存。2008 年，由于遭遇前所未有的资金困难，原材料涨价、劳动力成本上升、人民币升值等给企业带来巨大压力，大企业要解决融资难题，上市已成共识，这使得温州鞋业上市的步伐进一步加快。

俗话说，"甘蔗没有两头甜"。任何事情都不是只有好处，没有一点坏处的。我们应该客观看待。企业上市肯定是有好处的，比如可以不断利用增资配股筹集资金，还可以增加企业的净市值和债务股权比，借到低息贷款。

如果企业能成功进行境外上市，其在业务市场上的地位自然会大幅度地提高，公司的名声及信誉也会提高，这有助于公司巩固现有的业务，拓展新的业务，也方便兼并收购，促进公司超常发展。

但是，上市也有不少值得我们注意的弊端。对于网易上市，创始人丁磊说："上市就像裸奔，我现在追悔莫及，好像是年轻时犯下的美丽错误。"网易于2000年成功登陆美国纳斯达克。丁磊说，上市"会导致公司过于透明"，在这方面，在美国上市的网易吃亏尤大。美国股市每期季报都要求公司披露详细财务报表，网易每款游戏的盈利收入、玩家的增减和增减比例都需要详尽介绍，对于公司近期的战略安排也要披露。与不上市的对手相比，网易就成为了一个"透明人"，"好像在裸奔，一举一动对手都清清楚楚"。

雅虎的创始人之一杨致远在旧金山举行的 Web2.0 会议上说，如果他有机会重来，他不会让雅虎这么快上市。过早上市使雅虎公司成为 2000 年初互联网泡沫破裂的最大受害者之一。

由此可见，创办一家伟大的公司比上市更重要，上市并不是为了圈钱，等企业各方面发展都比较成熟了再上市，对企业和股民都是比较好的交代。上市的目的是让公司运转得更好。但是上市需要具备很多的条件，只有当时机成熟、公司内部管理比较完善的时候上市，公司才会行走得更稳妥一些。

马太效应——让强者更强

马太效应反映着富的更富、穷的更穷，一种两极分化的社会现象。市场竞争中优秀的企业可以上市，上市融资之后可进一步做强做大，最后弱者被淘汰出局，这正是马太效应的体现。碧桂园就是马太效应中的强者的代表。

碧桂园集团于 2007 年 4 月 20 日在香港联交所挂牌上市，创造了两个财富神话：一是股价当日大涨近 1/3，公司总市值由此升至 1163.2 亿港元，成为中国内地房地产企业的市值老大；二是公司 25 岁的大股东杨惠妍，身价暴涨至 692 亿港元，变身内地新首富。投资者在二级市场的追捧使杨惠妍的财富一日剧增。实际上，碧桂园发行价并不低，但公开发售仍然获得 255.7 倍超额认购，投资者为什么如此看好碧桂园呢？

首要的也是关键的一点是，碧桂园固定资产比较优质，并有丰富的土地储备与持有物业。知情人士透露，碧桂园已经展开全国布局，"在江苏已经拿了 2000 多亩地"。在北京和天津，均有项目储备，"2000 万平方米的土地储备是肯定有的"。随着国家土地节约政策的日益加强，拥有大量土地储备的房地产公司无疑更有发展潜力。

其次，碧桂园的商业模式也受到了投资者的认可。碧桂园网站有这样一段话："我们的主要业务是开发大型住宅区项目及销售各种类型的产品，包括单体住宅、联体住宅、洋房、车库及商铺。作为综合房地产开发商，我们亦参与建筑、安装、装修、装饰及物业管理业务。同时，我们亦开发及管理若干项目内的酒店，使房地产项目具有更完善的配套服务和更大的升值潜力。"以"大规模社区＋优美环境＋优质产品＋五星级管理服务＋超级配套体系＋合理定价"为内容的碧桂园家园模式受到了市场的普遍青睐，为碧桂园品牌实现从佛山、珠三角走向全国打下了基础。

最后，碧桂园的财务运作思路使其实现了快速扩张。碧桂园通过大规模开发和资产快速周转，以最大限度提高回报。曾有记者问碧桂园现时负债率是多少，财务总监说截至 2006 年年底负债 40 亿元，董事长杨国强就打断他说："人家问你现时负债率多少！但其实负债多少不是问题，我们有能力现在便还清所有负债，我们要借钱是为了回报，你要看我们为股东带来多少利益。" 2004—2006 年，碧桂园每年的营业额及纯利的复合增长，分别达 56.5%、141.1%，这对投资者显然很有吸引力。

碧桂园上市之后有诸多好处，从碧桂园的发展来看，不断做大做强的碧桂园经过十余年的积累已经具备相当规模，尤其是在成功走出广东省，积极进行全国布局的关键时期，为了稳固高速的发展状态，进入资本市场运作无疑是最佳时机。

碧桂园在港上市后酝酿大发展，2007 年已在广东省内的惠州、肇庆、韶关，省外江苏泰州、辽宁沈阳、内蒙古满洲里等城市，开拓在建和待建的楼盘近 30 个。碧桂园的负责人表示，碧桂园将抓住中国城市化快速发展的庞大商机，借助公司在香港上市融资的良机和品牌在全国的知名度，把成功的商业模式拓展到全国新兴的经济高增长地区。

可见，企业要想做大做强首先要具备优越的条件，让自身得以完备，才能承载更强大的规模，而只有强者才有可能通过必要的途径变得更强。

第十八章
保持新鲜血液的创新管理

打破成规，不断创新

一家企业不懂得创新，等于自己把自己推向绝路。道理很简单，你不变，别人会变，等于你越来越落后；你落后了，还有出路吗？

只有通过企业管理者坚持不懈的创新，才能使企业有市场、有生命力，企业才能获得成功。同时，企业管理者自己也能获得应有的回报。

很多的下属往往会忽略所在企业的工作规则。因此，企业管理者经常会质问下属："目前公司有哪些条文规定？请你加以说明。"企业管理者认为，若不这样，下属根本不会关心这个问题，更甭提以这些规则为基准，来完成他们的工作。若真是这样，那么这种企业管理者只是在做表面工作，而忽略了工作真正的内涵。

另一个问题则是关于规则本身。规则的制定，目的在于定出一些共同的标准。它是为适应时代、环境而制定出来的，绝非千古不变的定律。当时代递嬗、环境变迁时，它必然也会跟着失去合理性。因此，如何使规则切合实际，是企业管理者工作最重要的一环。

这里有一则故事，大意是说，有一个不擅指挥、无能的连长，获得了一项最高荣誉，原因来自一个规定："凡连队中有任何官兵在军事演习中获得最好成绩，则连长可获最高荣誉。"当初制定这项规定时，可能基于某种原因，但在今日实施起来，则显然不合适。

在你的周围，有类似这种滑稽的规则吗？例如，以发生意外事故记录的多寡来表彰员工。如将这项规定同时运用在危险性小与危险性大又忙碌的工作场所，未免过于笼统。表扬无事故记录的员工固然很好，但却要仔细考虑各种不同的情况，再拟订适当规则。

即使墨守成规，而表面上看起来妥善完备的规则，实行起来往往会引起料想不到的纠纷。规则是人制定的，但往往规则一定，却回过头来把人套住。也就是说，当初制定规则时，是大家绞尽脑汁想出来的，但经过一段时间后发现，它已与实际需要脱节，有着种种缺陷，若要加以修正，则须花费大量的时间和精力。因此，人们只好继续墨守成规，成为规则下的牺牲品。

所以，企业管理者必须时时注意自己所制定的规则，看它是否符合实际需要。一旦发现规则不合时宜，就应当拿出魄力，不畏艰难地加以创新，这是千万不可忽视的。创新越多，你的公司就越充满活力。

敢闯敢干才有机会创新

做生意就是一场冒险游戏，有时需要勇敢大胆地闯一闯。

"先探门路再走。"这是说那些做事谨慎的人。而在企业管理中，企业管理者不可常常畏首畏尾，不敢大胆尝试新的方法，这会使企业管理者的魅力大打折扣。企业管理者应有冒险家的胆识，在冒险中创造成绩，提升自身的魅力，使企业获得更大的效益。

有些人认为，在下定决心做或不做一件事情之前，要先仔细调查。然而，往往越仔细就越谨慎，以致最后的结论是不要冒险。即使是在事前经过详细调查，但仍无法完全做到规避危险。因此，在犹豫不决时，倒不如冒险挑战，反而更能克服困难。的确，"谨慎过头"就不足以成事。不过，冒险需要勇气与资本（这里所谓的资本，是指企业管理者的援助或部属的协助），不能单凭感觉或运气。

常言道："多一事不如少一事。"由此可见，多数人都有"不做不错"的观念倾向。而如何鼓励员工多做，这与企业的作风、管理者的性格有着很密切的关系。

当部属犯了错误时，多数企业管理者就在其考绩上扣分，每错一次即扣一分，而且往往只扣不加，然后再以错误的多寡来评定部属的能力。很显然，像这种只会扣分的企业管理者，必会阻碍部属向上的欲望，并使其抱着不做不错的心态。

身为一个企业管理者，一定要有这种胸襟：当部属偶犯小错时，不要太苛责，而当他有不错的成绩时，务必多加赞赏与鼓励。

让创新意识在员工的心中生根发芽

好公司都是点子公司，都是创新公司，这是管理者善于开发创意的结果。好的管理者，要让创新意识在员工心中扎下根。

大部分人通常怯于发表自己的新观念。对这些人，除非先鼓励他们培养自信心，否则很难让他们的创造能力完全发挥出来。要让员工对自己有信心，最好的方法便是对他们表示有信心。

管理者可以协助员工克服发挥创意的障碍，其中之一便是"顺应环境"的习惯。他们不想有与众不同的思想，正如他们不想在衣着、言谈、举止方面与别人不同。我们要让这些人多多接触一些新思想。事实上，许多发明往往是一些有勇气破除旧习或反抗传统的人（团体）所做出来的。

要鼓励员工培养创意性思维，管理者应随时注意倾听他们所表达的新观念。无论这些观念如何荒唐可笑，也不可妄下结论："这行不通！"要审慎地与当事人作进一步讨论，看看是否能发现该观点的好处。在你评估意见的时候，要先称赞员工提出意见的积极态度。若有需要批评的地方，也应采用肯定的态度。例如，最好不要说："那太花钱了。"最好是说："你有没有先算一下费用？"如此一来，当事人自然会发现到费用的问题。说不定还能想出更好的方案。要记住，一个"与众不同"的人所提出的看法，当然有时会不合实际，但千万别因此而对其表示轻视，这样会扼杀此人的创意。

许多人一旦形成了做事的方法，便不愿轻易改变，这些人对不同的意见往往固执地封起双眼和双耳。戴尔·卡耐基曾说过："时时敞开你的心灵准备接受改变。要欢迎它，取悦它，要一再检验你原有的意见和看法。"这是所有管理者应该遵循的原则，也应该鼓励员工这么做，如此才能开发出所有人的创造性。千万不要说："我们一向是这么做的。"这会扼杀了许多新的好主意。

许多人对问题的认知程度常有不同，甚至同一个人在不同的时间，对同一情况也有不同的看法。心理学家对这一类认知问题有相当深入的分析。人们会有意忽视那些干扰他们或混淆他们原有想法的事物。除非他们摒除这些外来的影响，并认清自己一向所持的认知态度，才有可能改变以后的认知态度。

假如管理者能营造出接受新观念的气氛，鼓励员工读书或参加研讨会，让他们参与其他富有创意性的活动等，都能激励员工发挥创造潜能。这些努力有朝一日必有收获，员工的创意性贡献必可促使公司成长。更重要的是，这些贡献新观念的人也会同公司一同成长，并更具活力。

第十九章

重中之重的员工管理

打造优秀团队

完美的理想人才是不存在的，人作为个体总是各有长短。在人力资源系统内，完全可以通过个体间取长补短，形成整体优势，实现组织目标，这就是互补增值原理。

在一个有众多人才的群体中，不仅要有个体的优势，更需要有最佳的群体结构。"全才"是极少有的，"偏才"是绝大多数，但"偏才"组合得好，就可以构成"全才"。优秀的管理者不苛求全才，他们会尽力将一个有效的人才群体合理搭配起来，创造最大的价值。

如何打造优秀团队呢？可以参考以下几点：

1. 知识互补

不同知识结构的人考虑问题的思路是不同的，将他们组合在一起，可以互为补充，取长补短，引起思想的碰撞，从而获得最佳方案。

2. 能力互补

若个体在能力类型、能力大小方面能实现互补，那么整个集体的能力就比较全面，在各种能力上都可以形成优势，这种集体的能力结构就比较合理。

3. 性格互补

人的性格差异是很大的，每个人的气质、性格都各有不同。有的脾气急，有的脾气缓，有的做事细致、耐心，有的办事麻利、迅速。个体不同的性格特点往往具有互补性，从而使一个整体形成良好的人际关系和良好的性格结构。

4.年龄互补

老年人有老年人的特长和短处，青年人有青年人的特长和短处，中年人也同样如此。不同年龄段的互补，可实现人力资源系统的新陈代谢，使集体焕发出持久的活力。

用人要做到以德为先

英国著名历史学家诺斯古德·帕金森通过长期调查研究，写了一本名叫《帕金森定律》的书。他在书中阐述了机构人员膨胀的原因及后果。一个不称职的官员，可能有三条出路：一是申请退职，把位子让给能干的人；二是让一位能干的人来协助自己工作；三是任用两个水平比自己更低的人当助手。

第一条路是万万走不得的，因为那样会丧失许多权力；第二条路也不能走，因为那个能干的人会成为自己的对手；看来只有第三条路最适宜。于是，两个平庸的助手分担了他的工作，他自己则高高在上发号施令。两个助手无能，也就上行下效，再为自己找两个无能的助手。如此类推，就形成了一个机构臃肿、人浮于事、效率低下的领导体系。

人才是企业的资产，用对人就赚到钱，用错人则赔本。个人的力量是有限的，一个企业家、一个管理者，要想获得成功，不但要依靠自身的努力，还要依靠团队的力量，依靠下属的力量。只有挑选到合适的下属并充分发挥下属的能量，团队才能取得成功，自己也才能取得成功。要记住，挑选一名最合适的下属非常重要，现有的骨干人员决定企业的现在，后备人才决定企业的未来。

要找到合适的人，首先必须别具慧眼，观察入微，方可寻得"千里马"。

"一样米养百样人"，识人并不是一件容易的事。要正确识人，就必须心地坦荡、眼光宽广，不能只用一只眼睛看人，更不能带着有色眼镜看人，而应多渠道、多层次、多视角地了解和考察人才。

"美恶既殊，情貌不一，有温良而为诈者，有外恭而内欺者，有外勇而内怯者，有尽力而不忠者。"这句话的意思是说，人的真善美与假恶丑，并不都是表现在情绪和脸谱上的，也不能通过一般的表现看出来。有的看起来温良而实际狡诈；有的外表谦恭而内心虚假；有的给人的印象勇不可当，实则临事而惧，怯懦得很；有的人在顺境中可以尽力，处于逆境时就不能忠于事业和信仰了。

《资治通鉴》把人分为四种：第一种是圣人，品德、才能都达到了很高的层次；第二种是君子，品德好，且也有才能，相比之下，德大于才；第三种是愚人，无德又无才；第四种是小人，有一定才能甚至有较高才能，但品德很差，才大于德。圣人很少，君子可用，愚人、小人皆不可用。非常时期，宁用愚人，不用小人。

"才者，德之资也；德者，才之帅也"，二者不可偏废。古人说，"大德之行，天下为公"。考核"德"的真伪，关键在于"公心"如何。所谓"才"，是指处理问题、解决矛盾、取得工作成绩和效果的能力和办法。德才兼备，是为贤者。

当然，在现实生活中，不可能每个人都全面发展，所以德才的发展可能会出现不平衡。有些人德比较好，但才能差些；有些人虽然有才，但德却稍逊一筹。对于企业的用人来说，除非一些特殊情况，否则，德才相比，一般更应注意德。德优才弱，通过努力可以提高自己的才，从而达到德才统一。

德鲁克在《有效的管理者》一书中谈到："人的品德与正直，其本身并不一定能成什么事，但是一个人在品德与正直方面如果有缺点，则足以败事。所以，人在这一方面的缺点，不能仅视为绩效的限制而已，有这种缺点的人，应该没有资格做管理者。"可见，选人应以德为首，这是基本要求。

适时对员工进行培训必不可少

惠普公司一向都注重对员工的培训，素有"IT界的黄埔军校"之称。在过去的几十年里，惠普为中国培养了大量的职业经理人、专业技术人员和销售人员，尽管这些人中有许多人都离开了惠普，但是他们大多数还在中国。除了税收、就业等这些可以计算出来的硬贡献以外，惠普为中国作的最大的软贡献是培养了大批国际化人才。

为什么惠普会如此重视对员工的培训？这是因为，在惠普看来，对员工的培训是投资而不是成本。如果把培训作为成本来看待，自然是越少越好，甚至可以没有；如果看成是投资的话，就必定要追求回报率。投资一定能得到回报，但当回报无法衡量时，就被当作成本——没有回报的成本。虽然员工的价值无法从财务报表中体现出来，也不能当成企业的无形资产计算，但是却对企业的未来产生重大的影响。

有人说员工培训是企业的"阳光、空气和水"，此言不差。那些把员工培训撂在一边的领导者毫无疑问只是一个平庸的经营者，既扼杀了员工的发展潜力，也阻止了企业发展的脚步。优秀的领导者会努力寻找各种渠道，对员工进行多种形式的培训，以达到提高员工能力和素质，从而使工作不断创新、业绩不断提升的目的。

一位管理学家说过："员工培训是企业风险最小、收益最大的战略性投资。"这句话正确阐述了现代员工培训对于企业的重要意义。面对知识经济的挑战，最核心的问题是人的素质问题。企业的长远发展离不开高质量、高素质的人才。无论国内还是国外，大多数优秀企业都已经把员工培训作为企业的一项重要发展战略，如海尔、联想等企业都先后建立了培训中心或大学。对员工的培训是随着知识与技术的不断更新应运而生的。通过培训，增强了员工对企业、部门决策的理解和执行能力，并不断使员工掌握先进的管理方法和理念，从而提高企业的市场竞争力。

当办公步入互联网时代之后，培训的性质变得更加丰富起来，多种培训与时俱进，以满足时代需求，但总体来说，可以将这些形式分为两大类：传统型培训形式和新型培训形式。

（1）传统型培训形式包括：现场培训、在职培训、教学培训、讲座培训。

（2）新型培训形式包括：模拟式培训、网络培训、户外团建、咨询式培训。

员工培训是一种对员工素质的投入工作，目的在于提高劳动力的产出水平。对企业而言，这一过程必定是要付出成本的，有时甚至是高成本。企业把这些成本寄托在以后员工的补偿上，这自然是不成问题的。领导常说"企业的竞争是人才的竞争，我们要能够以一当十"这样慷慨激昂的话，这部分成本费用充其量只是很小的投入，只需要承担很小的风险。事实上，每家企业都具备员工培训的条件，而通过培训达到企业事先的期望也是水到渠成的。

"出产品之前先出人才"，任何一个富有远见的管理者都是非常注重员工培训的。

第二十章

掌握企业命脉的财务管理

你能读懂财务地图吗

你知道自己的企业现在有多少资产，多少负债，多少所有者权益吗？

你知道自己的企业通过一年经营取得了多少收入，花费了多少成本费用，最终得到多少利润吗？

你知道自己的企业一年的现金收入是多少，支出了多少现金，现在剩余多少现金吗？

如果你不知道，那么你就得好好研究一下企业的财务地图了。财务地图通常包括资产负债表、利润表、现金流量表三张"地图"。

1. 资产负债表

资产负债表是一种静态报表，它反映了企业在某一特定日期（如月末、季末、年末）的财务状况。资产负债表包括资产、负债和所有者权益三个方面的内容。

资产反映了企业在某一个特定日期所拥有的经济资源总额，一般按照流动资产（包括货币资金、短期投资、应收票据、应收账款、存货等）、非流动资产（包括长期应收款、固定资产、无形资产等）及其他资产分类并进一步分项列示。

负债反映了企业在某一个特定日期所承担的债务总额，一般分为流动负债（包括短期借款、应付票据、应付账款、应付工资、应付税金、预提费用、其他应付款等等）和长期负债（包括长期借款、应付债券、长期应付款、其他长期负债和递延税款等）。

所有者权益反映了企业在某一个特定日期投资者所拥有的净资产的总额，一般按照实收资本、资本公积、盈余公积和未分配利润分项列示。

通过资产负债表，你可以全面摸清自己的家底，知道自己目前总共拥有多少资产，欠了多少钱，净资产是多少。再详细点，你还可以知道自己的这些家底是怎么构成的，比如银行存款有多少，存货有多少，应收账款有多少，固定资产有多少；欠银行（短期借款和长期借款）多少钱，欠政府（应交税金等）多少钱，欠员工（应付工资）多少钱，欠供应商（应付账款等）多少钱。

此外，资产负债表是一种比较报表，你还可以通过年初数和期末数的对比，看看自己一年来增加了多少资产，增加了多少负债，增加了多少净资产。

值得注意的是，很多企业所有者经常对外炫耀自己有多少资产，规模有多大。但是，不要忘了，企业所拥有的资产并不是全部属于企业所有者的，只有扣除掉企业所欠下的各种债务后，剩余的那部分所有者权益才是属于企业所有者的，也叫作"净资产"。

2.利润表

利润表也称损益表或收益表，是反映企业在一定会计期间经营成果的会计报表，其主要内容是列示企业在一定时期内所取得的收入、所产生的费用支出和所获得的利润。

利润表通过对当期的收入、收益、支出项目按性质加以归类，按利润形成的主要环节列示了一些利润指标，如主营业务利润、营业利润、利润总额，分步计算当期净损益。通过利润表，你可以清晰地看到企业的各项经营成果。

（1）构成主营业务利润的各项要素

从主营业务收入出发，减去为取得主营业务收入而产生的相关成本费用（包括有关的流转税）后得出主营业务利润，即：主营业务利润＝主营业务收入－主营业务成本－主营业务税金及附加。

（2）构成营业利润的各项要素

营业利润是在主营业务利润基础上，加上其他业务利润，减去营业费用、管理费用、财务费用后计算得出，即：营业利润＝主营业务利润＋其他业务利润－营业费用－管理费用－财务费用。

（3）构成利润总额的各项要素

在营业利润基础上，加上投资收益、补贴收入、营业外收入，减去营业外支出后计算得出，即：利润总额＝营业利润＋投资收益＋补贴收入＋营业外收入－营业外支出。

（4）构成净利润的各项要素

净利润是在利润总额的基础上，减去本期计入损益的所得税费用后计算得出，即：净利润＝利润总额－所得税。

利润表同样是一种比较报表，通过对"上年数"（年度利润表）和"本年累计数"的对比，你可以发现自己今年的经营成果是否比去年更好，同比利润增长或减少了多少，让自己对一年来的业绩有个清醒的认识。

3.现金流量表

现金流量表是反映企业在一定会计期间现金和现金等价物流入和流出的报表。它表明企业获取现金和现金等价物（除特别说明外，以下所称的现金均包括现金等价物）的能力。要注意，这里的现金并不是单纯指库存现金，还包括可以随时用于支付的存款以及现金等价物。

在现金流量表中，现金流量被划分为经营活动产生的现金流量、投资活动产生的现金流量和筹资活动产生的现金流量三大类。

（1）经营活动产生的现金流量

经营活动是指企业投资活动和筹资活动以外的所有交易和事项。经营活动产生的现金流入项目主要有：销售商品、提供劳务收到的现金，收到的税费返还，收到的其他与经营活动有关的现金。经营活动产生的现金流出项目主要有：购买商品、接受劳务支付的现金，支付给职工以及为职工支付的现金，支付的各项税费，支付的其他与经营活动有关的现金。

通过经营活动产生的现金流量可以说明企业的经营活动对现金流入和流出的影响程度，并由此可以判断企业在不动用对外筹得资金的情况下，是否足以维持生产经营、偿还债务、支付股利和对外投资等。

（2）投资活动产生的现金流量

投资活动是指企业长期资产的购建和不包括在现金等价物范围内的投资及其处置活动。投资活动产生的现金流入项目主要有：收回投资所收到的现金，取得投资收益所收到的现金，处置固定资产、无形资产和其他长期资产所收回的现金净额，收到的其他与投资活动有关的现金。投资活动产生的现金流出项目主要有：购建固定资产、无形资产和其他长期资产所支付的现金，投资所支付的现金，支付的其他与投资活动有关的现金。

通过投资活动产生的现金流量可以分析企业获取现金的能力，以及投资活动产生的现金流量对企业现金流量净额的影响程度。

（3）筹资活动产生的现金流量

筹资活动是指导致企业资本及债务规模和构成发生变化的活动。这里所说的资本，既包括实收资本（股本），也包括资本溢价（股本溢价）；这里所说的债务，是指对外举债，包括向银行借款、发行债券以及偿还债务等。

筹资活动产生的现金流入项目主要有：吸收投资所收到的现金，取得借款所收到的现金，收到的其他与筹资活动有关的现金。筹资活动产生的现金流出项目主要有：偿还债务所支付的现金，分配股利、利润或偿付利息所支付的现金，支付的其他与筹资活动有关的现金。

通过筹资活动产生的现金流量可以分析企业的筹资能力，以及筹资活动产生的现金流量对企业现金流量净额的影响程度。

现金流如同公司的血液

2009 年 2 月，受全球金融海啸影响，拥有 2239 名工人的全球最大家具制造商之一迪高乐实业（深圳）有限公司（下简称迪高乐公司）因资金链断裂而倒闭。

这已经不算什么大新闻了。从 2008 年金融海啸爆发以来，已经有一大批企业因资金链断裂而倒下了。根据统计，福州甚至有 10%～15% 的服装厂因资金链断裂而关停或倒闭。

在危机中，现金流就是企业的命脉。打个比方，现金流对于企业，就犹如人体的血液。只有让"血液"顺畅循环，企业才能健康发展。史玉柱对此有着深刻体会："企业负债率不能过高，否则资金链就容易出现问题。资金一紧张，大多数企业都会采取借下属公司的钱、骗取银行贷款等'习惯性动作'，近几年出现问题的企业几乎都是这种情况。资金链绷得太紧和开快车的道理一样，跑得最远的肯定不是开得最快的那辆车。"

经验告诉我们，决定企业兴衰存亡的是现金流，而利润只是这一系列过程的结果。现金价值比利润衡量更真实，利润衡量可以在报表中体现得很漂亮，可以作假，而现金相对来讲更为真实。即便一家年年亏损的企业，只要保有足够的现金流量，它仍能正常运转；相反，如果一家连续盈利的企业不能保证足够的现金流量的话，也会有破产的危险。在发达国家，大约 80% 的破产企业从会计上看属于获利企业，导致它们倒闭的不是账面亏损，而是因为现金不足。

有些企业表面看上去生意兴隆，规模庞大，但实际上可能只是个"花架子"。判断一家企业是否有钱的标准，不是看资产规模，而是看现金流。

现金是驱动企业前进的基本动因，资产是最基本的资源，是能创造财富的基础。现金流讲求的是良性流动，资产讲求的是有效利用。

既然现金是如此重要，那么企业又该如何管理好现金流呢？总的来说，管理现金流，可以从以下几个方面入手：

1. 加强存货管理

存货管理是企业现金流管理的重要组成部分。存货会占用现金，过多的存货积压会导致企业现金流出现紧张状况。

小商店的利润率很低，但如果它能够把每天进的货品都卖掉，回报就会很高。据说，美国一家大型超市货架上的卫生纸年周转率为365次。存货周转不畅，资金就会停留在存货层面上，"睡"在账上，产生不了效益。

加强存货管理的一个重要方面就是提高存货周转率。存货周转率是衡量和评价企业购入存货、投入生产、销售收回等各环节管理状况的综合性指标。它是销货成本除以平均存货所得到的比率，或叫存货周转次数，用时间表示的存货周转率就是存货周转天数。其计算公式如下：

存货周转次数 = 销售成本 / 存货平均余额

存货周转天数 = 360 天 / 存货周转次数

存货周转率指标的好坏反映了企业存货管理水平的高低，影响到企业的短期偿债能力，是整个企业管理的一项重要内容。一般来讲，存货周转速度越快，存货的占用水平越低，流动性越强，存货转换为现金或应收账款的速度越快。因此，提高存货周转率可以提高企业的变现能力。

2. 加速收款，推迟付款

为了提高现金的使用效率，加速现金周转，企业应尽量加速收款，即在不影响未来销售的情况下，尽可能地加快现金的收回。如果现金折扣在经济上可行，应尽量采用，以加速账款的收回。

在收款时，应尽量加快收款的速度，而在管理支出时，应尽量延缓现金支出的时间。比如，对于应付账款，应在不影响商业信用和不增加交易成本的基础上尽量推迟付款；对于工资费用，也应尽可能地晚点支付，但绝对不能拖延支付，否则将面临法律成本和失信于员工的成本，在这种前提下，晚 10 天支付就相当于你占用了 10 天的无息贷款；对于奖金，同样可以采取晚发的方式，改为按季度或年度统一发放，一来可以占用资金，二来还可以避免员工频繁跳槽。此外，采取汇票的形式支付款项通常也可以延缓现金的支付。

一般而言，当客户延迟付款，而供应商急于回款，企业付款周期比收款周期短时，便可能陷入资金周转困难的境地；相反，当企业付款周期长于收款周期时，那么企业业务量越大，则相当于从供应商那里获得的"无息贷款"也就越多。举个简单的例子，一家企业的原材料成本是 50 万元，员工工资成本是 20 万元，销售利润是 30 万元。如果应收账款能在 30 天内到帐，而应付账款 60 天后才需要支付，那么相当于企业"免费"获得了"100 万元在银行中存放 30 天的利息"收入。再进一步，如果企业没有将这 100 万存放在银行，而是继续投入扩大再生产，那么在 60 天应付账款的周期内，企业还可以再完成 1 单同样的业务。也就是说，能够多获得 30 万元的"理论"利润。由此可见，有效管理好企业的应收账款和应付账款，既能够避免现金被无效占用或者出现现金断流的不利局面，又能够巧妙地给企业衍生出相当多的现金用以支撑各种经营活动。

3.掌握应付账款的度

一般认为应付账款多是件好事情，既可以占用资金，又不需要付利息。但是，必须注意，应付账款也是有风险的，它同样必须偿还。一旦资金链断裂，无法清偿到期债务或长时间内持续不能偿还，就难以摆脱破产的命运。所以，应付账款不是越多越好，同样需要掌握一个度。

4.避免过度扩张

1996年注册成立的中国"普马"在成立后的8年内在中国开设了近50家分店，迅速跻身为中国最大的零售商之一。如此大规模的扩张需要大量的资金来支持，普马的核心模式是以当地银行的贷款开新店扩张，通过供货商赊销经营，通过各个分店之间的现金调配来平衡现金流，甚至调配分店的资金作为新店的资本金。这种高速增长的模式使得资金流动性不足，资金链紧绷。2004年，当西南某银行收回一笔2亿元贷款时，普马各地的门店终于像多米诺骨牌一样倒掉。

过度扩张会占用大量的营运资金，从而造成营运资金不足。因此，正确处理好企业规模扩张与现金流量增长之间的矛盾是非常重要的。

5.编制现金预算

现金预算是企业对现金流动进行预计和管理的重要工具，它是用来反映未来某一期间的一切现金收入和支出，以及二者对抵后的现金余缺数的预算。

现金预算包括：现金收入、现金支出、现金溢余或短缺、资金的筹集和运用四个部分。通过编制现金预算可以帮助企业有效地预计未来现金流量，为企业提供预警信号，及早采取措施。

编制现金预算时，企业应该将各具体目标加以汇总，并将预期未来收益、现金流量、财务状况及投资计划等，以数量化形式加以表达，拟订全面预算方案，预测未来现金收支的状况。此外，应根据年度现金流量预算，以周、月、季、半年及一年为期，建立滚动式现金流量预算，这样更有利于依据企业现金流量的实际状况作出适时调整。

掌握企业命脉的财务管理

一家建材企业，由于产品质量过硬，在市场上供不应求，可是老板却仍然愁眉苦脸。为什么？因为他看不到利润，企业在银行的存款更是少之又少。他很困惑，自己的产品不仅销路好，而且毛利率也不错，为什么利润就是提不上去呢？他也采取过很多措施去降低成本，缩减费用，可是成效甚微。后来，他请了一家咨询公司对企业作了全面诊断，很快找到了症结所在——企业的财务混乱不堪，没有充分发挥其职能。在咨询公司的帮助下，企业建立了一套比较完善的财务体系，很快就把成本费用给降下来了，企业的利润自然也提升了。

在传统观念的影响下，很多企业都把财务部门当作一个专门用于记账报账的会计部门，在它们的眼中，财务部门就是会计部门，只是用来记账、出具报表、应付税务机关的，完全忽视了财务的其他职能。其实，会计核算只是财务部门的一个最基本的职能，记账、算账和报账本身不是企业财务管理的目的，财务管理的最终目的是帮助企业盈利。在市场经济环境下，任何企业及其所从事的业务都为盈利而生存。财务是经营管理有无价值和价值大小的评价工具，也是为盈利提供决策依据的工具。

"次贷危机的灾难性影响使国际上越来越多的银行意识到，加强财务职能与风险管理职能的匹配是当下最紧要的事情。"安永全球金融服务部合伙人徐英伟表示。总的来说，一个完整的财务部门的职能通常应包括以下几个方面：

1. 会计核算

会计核算是财务工作的基础职能，它是履行其他职能的前提。所谓核算职能，简单地说，就是及时准确地以会计记账方式记录企业发生的一切经济业务，形成企业经营的数据档案，并将这些数据经过整理和加工，以报表的形式提供给利益相关者，如企业管理层、税务、银行等。

会计核算的关键是真实准确。国内外的不少企业破产都是因为财务报表作假造成的。

2. 服务支持

财务部门也是企业的一个服务部门，它为企业的正常经营运作提供服务支持，主要表现为发放工资、费用报销、提供财务数据资料等。

3. 财务管理

财务管理职能主要包括：组织资金运动，处理财务关系，对内部管理者提供财务分析报告，为企业决策提供指导意见。比如，根据公司发展需要，拟订财务战略规划方案，编制各种财务计划；对公司经营状况进行财务分析并提供各种财务分析报告，为公司的经营决策提供支持；参与公司投资、基建工程、设备购置等的立项可行性研究工作，并参与投标、结算、验收全过程的监管；负责公司的财务风险管理（包括资产负债风险、信用风险等）；负责对投资项目进行财务可行性分析论证；参与各种对外经济合同的签订等。

4. 预算管理

预算管理是企业管理控制的关键环节，通过预算管理可以将战略目标和资源配置更好地结合，同时与绩效考核体系相结合，建立良好的激励机制。

一套良好的预算管理机制可以促进战略的执行和企业目标的实现。预算管理包括预算的编制和预算的执行，财务部门应当在预算的编制中起主导作用，同时对预算执行进行控制。

5.财务监督

财务监督职能是指通过对企业各种经济活动的过程控制，使决策者的全面经营计划得到相应落实并得以实现。

把应收账款放在第一位

一家中型企业，营业收入达到3亿多，利润率也不错，有15%，最终却还是因为资金短缺而倒闭了。为什么？

看看它的财务报表就知道了。在它3亿多的营业收入中，应收账款占了1.6个亿。表面上看，钱是"挣到"了，可是都被应收账款给"吃"了，导致资金流转不畅，不倒闭才怪呢。

20世纪90年代，企业"三角债"问题在中国企业界肆虐一时，拖垮了一批企业。当时，企业"赖账"成风，而且谁赖账越多，谁就受益最大，以至于在文艺界出现了"黄世仁求杨白劳还债"的小品，辛辣地讽刺了当时社会的信用状况。即使是现在，我国企业的平均坏账率还是高达10%，远远高于欧美企业的0.5%；应收账款平均回款期为90.3天，远远高于发达国家45天的平均水平。信用风险成为中国企业面临的最严重的挑战之一。

众所周知，应收账款是指企业因赊销产品或服务而形成的应收款项，是企业流动资产的一个重要项目。在商业贸易往来中，大多数企业都不可避免地要进行赊销活动。从企业自身分析，赊销的产生主要来源于两个方面的动机：一是扩大销售，增加利润；二是减少库存，降低成本。

然而，赊销是一把双刃剑。过多的应收账款，会占用企业大量的资金。而企业的资金是有限的，大量放在外面，现金流就会出现问题。很多老板在面对蒸蒸日上的业绩时会纳闷：为什么会没有钱呢？其实并不是没有钱，而是钱都在外面。如果能够把钱及时回收的话，现金流就没有问题；一旦不能及时回收，现金流很可能就会出现问题。

加强赊销管理可以解决应收账款带来的不利影响。英国一个信用管理研究小组的研究表明，如果一家企业在向客户销售的过程中实行规范的赊销管理，那么企业就能按时回收绝大部分的应收账款，坏账比例一般会降低84%。

1.组建信用管理部门

根据调查，在拖欠案件中，约有80%以上是由于被拖欠企业自身的管理原因产生的，而以往人们所说的"政策性拖欠"仅占16%。

在我国，大多数企业都没有设置信用管理部门。而在国外，大部分企业都会设置独立的信用管理部门，即使是一些小企业也会有相应的人员或机构从事此类工作。信用管理的目的并非是要企业为避免风险而丢掉生意和机会，而是给企业确定一个承担商业风险的范围，从而增加有效销售。

信用管理部门的职责包括：前期初步审查客户资料，中期建立信用管理的债权保障机制，在签约时保障或转嫁信用风险，后期则要对拖欠账款的客户进行催收。

信用管理部门应该保持完全的独立性，在企业内部，信用管理部门应该是与企业的财务部门和业务部门平行的一个部门，而不能是业务部或者财务部的内设部门。因为业务部门希望做大业务量，往往盲目赊销，忽视信用风险，而信用管理部门对其无约束力，结果企业的销售额上升了，但应收账款还是存在很大问题；财务部门不理解市场，为了控制财务风险，通常采取保守态度，总是利用信用管理部门对业务部进行销售压制。

2.强化事前控制力度

很多企业只是把赊销管理单纯理解为追债。追债只是事后的做法，更重要的是事前控制。就好像一个苹果，首先必须妥善保管，避免它烂掉，一旦烂掉，再去管它已经来不及了。根据东方保理公司的统计数据：实施事前控制（交货前）可以防止70%拖欠风险，实施事中控制（交货后到合同货款到期前）可以避免35%的拖欠；实施事后控制（拖欠发生后）可以挽回41%的拖欠损失；实施全面控制可以减少80%的呆账、坏账。

为了尽量降低赊销风险，在赊销前应对客户进行资信调查，评估赊销风险。对于高风险客户应该给以严格的赊销政策，对于低风险的客户就可以给以宽松的赊销政策。前期的资信调查是非常重要的，不经过资信调查而授予信用，发生坏账的风险将非常大。

西方企业传统经验认为，客户的资信通常取决于5个方面，即客户的信用品质（Character）、偿付能力（Capacity）、资本（Capital）、抵押品（Collateral）和经济状况（Condition），简称"5C"系统。信用品质主要通过客户过去的付款记录测其将来履约或赖账的可能性，由此决定是否给予客户信用。客户偿付能力的高低主要看其资产的流动比率和变现能力的大小。资本是客户财务状况与经济实力的客观反映，是客户偿付债务的最终保证。抵押品是客户提供的资信安全保证，必须具有较高的市场性。经济状况则要求客户的偿付能力在不利的经济环境影响下具有较强的应变能力。

根据客户的不同赊销风险等级，给以不同的赊销额度。这个额度可以是客户的营运资本或者净资产的某个百分比，或者用其他方法计算，其最终目的是为了确保安全回收款项。风险越高，给予的赊销额度就越低。每一个客户的赊销账面净额不能超过这个额度。

为尽快回收款项，可以制定相应的鼓励政策，对货款回流及时、销量良好的客户给予奖励或优惠的销售政策，或是在售后服务等方面提供特别优惠，以刺激客户付款的积极性，加快货款的回收。

现金折扣就是一种常见的鼓励政策。客户付款越早，现金折扣就越多；付款越晚，信用折扣就越少。采取现金折扣的前提是，企业通过加速收款带来的机会收益能够高于补偿现金折扣的付出。

对于一些利润丰厚但信用风险又较大的业务，可以采取相应的措施将风险加以转移，使债权得到保障。一方面是通过外部力量转移风险，比如银行提供的担保、保理，保险公司提供的信用保险，担保公司提供的信用担保等；另一方面是自身控制风险，如客户签署人的担保、物的担保、抵押等等。

3.加强日常管理

对于各项应收账款的运行状况，要进行经常性的分析、控制，及时发现问题，提前采取对策，防止恶化。

（1）分析账龄

企业应收账款发生的时间不一，有的尚未超过信用期，有的已经逾期。通常情况下，逾期时间越长，越容易形成坏账。因此，企业应做好应收账款的账龄分析，密切注意应收账款的回收进度和出现的变化。

（2）定期对账

为避免双方财务上的差距像滚雪球一样越滚越大，从而造成呆账和坏账现象，应建立一套规范的、定期的对账制度，同时对账之后要形成具有法律效应的文书，而不是口头承诺。

会计部门应定期向赊销客户寄送对账单，以确保双方在应付账款数额、还款期限、还款方式等方面的认可一致；对客户提出的异议要及时查明原因，作出相应调整。

（3）密切关注客户

应收账款一旦形成，企业就必须考虑如何按期足额回收的问题。信用管理部门应对赊销客户的资料进行动态管理，随时关注对方的相关信息。那些挂账金额大、信用品质差的客户，更应作为考察的重点，以防患于未然。

很多时候，客户经营状况不好，往往会出现一些危险信号。对于那些不良征兆要保持高度警惕，一旦赊销客户经营状况等出现异常并有可能危及到本企业账款的顺利回收时，应及时采取措施催收账款。

（4）建立坏账准备金制度

不管采用多严格的信用政策，只要存在着商业信用行为，就会不可避免地产生坏账损失。有的是因为债务人遭遇重大自然灾害，有的是因为债务人破产，有的是因为债务人突然死亡，有的是因为债务人涉及诉讼案件，有的是因为新实施的法律法规对债务人不利，有的是因为市场供求发生变化等原因导致债务人财务状况暂时或长期恶化。这些都会导致该项应收账款部分或全部无法回收。因此，企业要遵循财务的谨慎性原则，根据账龄逾期的程度或应收账款的总额，合理地估计坏账的风险，并建立坏账准备金制度。

4. 加强收账管理

在应收账款到期时，应采取措施进行收账。收账政策分为积极的收账政策和消极的收账政策两种。采用积极的收账政策，可能会减少坏账损失，但会增加收账成本。如果采用较消极的收账政策，则可减少收账费用，但却会增加坏账损失。企业应依据市场经济环境和自身状况科学地设计回款策略。

合理的收账程序和讨债方法也很重要。一般要先给客户一封有礼貌的通知信函，进一步可通过电话催收，如再无效，企业的收账人员可直接与客户面谈。若证实客户确实遇到暂时困难，经过努力可以东山再起，那么企业应帮助客户渡过难关，以便回收较多的应收账款。若客户虽有能力付款却想方设法进行拖欠，则有必要采取法律手段提请有关部门仲裁或提起诉讼等以维护企业利益。

值得注意的是，很多企业都是由销售人员或财务人员去催收货款，这种做法带有明显的缺陷。销售人员与客户有先期的个人关系，担心损害关系，影响将来的销售业绩，所以并不尽力地去催收。同时，财务人员催收经常口气严厉，方法生硬，往往会使客户产生抵触情绪，导致他们不再向公司订货。

所以，最好是由企业专门的信用管理人员或委托专业公司追讨，因为他们具有专门的追款知识和技巧，懂得如何在适当范围内给予拖欠账款的客户警告，并给出最后的还款期限。